ここで差がつく！

スポーツで結果を出す81の習慣

企画	株式会社 BE-million
構成	山城 稔
編集	平岡しおり
撮影	高原由佳（ベースボール・マガジン社）
デザイン	大野恵美子（studio Maple）
イラスト	瀬川尚志

特別対談

協力	北海道日本ハムファイターズ
取材	松井進作（ベースボール・マガジン社）

一流と二流のアスリートを分ける小さくて大きな差――まえがき

スポーツの世界ではよく、「勝利の女神がほほ笑む」などという言葉が用いられる。ふだんから自身を現実主義者と考えている私は、「勝利は神頼みではなく、自身の努力で勝ち取るものだ。神さまがなんとかしてくれるほど勝負は甘くない」と思っている。

だがそのくせ、私は大事な試合の前になると、神社にいき、お参りをする。そして「賽《さい》銭《せん》は100円か、いや、ここは500円だろう。いやいや、ケチっている場合ではないぞ。1000円札だ！」などと、妙な男気を出してしまうのである。

さて、神さまのご利益はいかに？

勝ったときもあれば負けたときもある。やはり、勝負の結果は、自身のそれまでの高度な鍛錬の積み重ねであり、そういった意味では、自分が決めているのである。

そんなことは百も承知しているのに、なぜ私は神頼みをするのか？

正直にいえば、自身以外の力にすがりたいからなのだと思う。

私の専門は「コーチ学」だ。簡単にいうと「目標達成のためにプレーヤーやチームを育て、サポートしていく」という研究だ。机上の勉強ではなく「実践してなんぼ」のものである。

私がコーチ学に出会ったのは、大学時代である。当時のスポーツ界は「根性論」がまかり通り、厳しい練習を「やらされる」ことが主流だった。ときには「鉄拳指導」もあった。そんな中で、選手たちに練習の意味を理解させ、自発的に取り組ませる「コーチ学」に、私は大きな魅力と可能性を感じた。仮説を立てて、効果的な練習方法を考え、実施、検証する――。その研究はとても奥が深く、いまだにその途上だ。おそらくゴールはない。

さらに私は、男子バレーボール部の監督も拝命している。関東大学リーグの1部で戦う、いわゆる「トップチーム」だ。どこの学校も、また、どの競技も同じだと思うが、トップチームには、小・中・高校の各カテゴリーで「優秀な戦績」を収めた人間が集まってくる。

彼らは確かに「優秀な戦績を収めたトップアスリート」である。競技の能力は高い。だが「すぐれた人間（アスリート）」であるとは限らない。そこが悩ましいところだ。

30年近く監督業をやらせてもらう中で、多数のトップアスリートに接してきた。またコーチ学では、バレーボールだけではなく多種多様な競技にも触れてきた。「国や人種が違えば指導法も変わるのか？」という疑問からアメリカの大学でコーチングも経験した。そうした体験の中から、私の中で、一つの確信が生まれた。

大切なのは、何をやるかではなく、どうやるか――。

結果を分けるのは、「何を考え、どう動くか」という一つひとつの思考と行動だ。その小さな積み重ねが、アスリートの中でも、一流と二流を分けているのである。

「そんな当たり前のことを、今さらいわれなくても」と思われるかもしれない。

だが、その当たり前のことが本当にできているか？　と問われれば疑わしいだろう。

当たり前のことができないから、試合前に不安になり、神頼みをすることになるのだ。

自戒を込めてそう思う。そんなことから、この本を書いた次第である。

本のタイトルは『スポーツで結果を出す81の習慣』とした。副題は「ここで差がつく！」である。

一つひとつの習慣は、どれも小さなもので、「当たり前」のことばかりかもしれない。

だが、**その小さな習慣の積み重ねが、最終的には、大きな差となって現れる。**

これが勝負の世界の現実だ。

勝負を分けるのは、素質や能力より、むしろ日々の習慣の差なのである。

私がこれまで教えてきた学生、あるいは見たり聞いたりしてきたスポーツ選手を思い浮かべ、「あの人はやはりここがすごかった！」というものを習慣として取り上げた。

この本から「答えを学ぶ」のではなく、あなた自身がこの本を読みながら、自問自答して「答えを見つけていく」。そんな本にしてもらいたいと思っている。

私は、アスリートには「自問自答の過程」が不可欠であり、人間的な成長はそこから生まれると考えている。

自問自答をくり返し、何かをつかむ。そして、じっさいに行動を起こす。失敗したらまた自問自答する。成功したら、さらなる成長に向けて自問自答する。その**「進化する姿勢」こそが、アスリートを強くする。「現状維持」は「退化」を意味する**と思って間違いない。

ぜひ、自問自答をくり返しながら、成長していってほしいと願っている。

一流のアスリートも、時期がくれば競技を離れ、一人の社会人となるときがくる。

競技で身につけた技術や肉体を捨てたとき、最後に残るのは「人間性」だ。

「私はアスリートでした」と胸を張っても、人間的に未成熟なら、「はい、だからなんなの?」といわれてしまうのが実社会だ。「さすがアスリート。やっぱり人間力がすごい」といわれて初めて、自分を鍛えた日々が生きるというものだろう。

そのためにも、やはり、現状に満足することなく、自問自答をくり返してほしいのだ。

81の各習慣の下には「自己採点」欄を設けた。自分を振り返りながら、現時点での点数を日付とともに書いてみてほしい。

もちろん、すべてに高得点である必要はない。超一流のアスリートでもパーフェクトな人間はいないと思っている。

「ああ、これは大事だな」と思える習慣が一つでもあったら、それを実践すればよい。その「小さな自分革命」によって、あなたの今と未来は確実に変わるはずだ。

高橋宏文

*この本に登場する方々の肩書は2021年9月末時点のものです。

目次

1章 結果を出す生活習慣

2章 結果を出す食事習慣

3章

結果を出す思考習慣

4章 結果を出す行動習慣

5章
結果を出す運動習慣

1章

結果を出す生活習慣

1

規則正しい生活を好む

「わずかなブレ」や「心身の違和感」を感じ取れているか？

自己採点

点｜100点

「早寝早起き、三度の食事、適度な運動、適切な睡眠時間。規則正しい生活を心がけよう」

子どものころから耳にたこができるほど聞かされてきたセリフである。

しかし、実際はどうか？

そもそも、**規則正しい生活は、アスリートにとって、本当に必要なのか？**

ここでは常識を一度疑って、あなたに考えてみてほしいのだ。

規則正しい生活は、「睡眠の質の向上」や「健康維持」などのフィジカルだけでなく、「情緒を安定させる」「集中力を高める」などメンタル面にも効果が期待できるといわれる。

とくに成長過程にある子どもにとっては、睡眠の質は脳の発達に影響を与え、さらに、規則正しい生活をおくる子どもとそうでない子どもとでは、学校の成績に違いが出るという調査結果もある。なるほど。規則正しい生活にはメリットがあるようだ。

では、スポーツの世界で考えた場合はどうだろう？　これはあくまでも私の意見だが、スポーツの世界でトップを目指すなら、やはり「規則正しい生活」は基本中の基本であり、逆に、不規則な生活をおくるアスリートなどいるわけがないと思っている。

なぜなら**生活が不規則になれば、体調とメンタルは「基準点」を見失う**からだ。

私たちの体や心は、生きているかぎり、日々刻々と変化する。同じ体調、同じメンタルがつづくことはまずない。この点は、アスリートならば、誰もが実感しているはずだ。

体重計に表れない「体の重さや軽さ」、体の芯に残る「疲労感」、他者からはわからない「体のキレ」や「集中力」「思考の冴《さ》え」。気持ち的に上がる日もあれば下がる日もある。

こうした「日々の変化＝ブレ」は誰にでも起こる。心技体をフル使用しているアスリートにとっては、「わずかなブレ」や「小さな違和感」がパフォーマンスに影響してくる。

あなたもそれを経験しているのではないか。

だからこそ、アスリートは日々の変化を最小限にするための手立てを打つ。その一つの方法が、「規則正しい生活」なのである。

生活習慣といえば、やはり、この人が真っ先に思い浮かぶ。イチローさんだ。日米通算で3604試合に出場し、4367本の安打を打ったイチロー選手は、最も「ブレの少なかった選手」といえるだろう。

毎日の生活では、決まったルーティンをくり返していたという話は、あまりにも有名だ。自宅にも球場にも専用のトレーニングマシーンが置かれていた。起床するとマシーンに向かい、お昼の食事を終えてまたトレーニングをする。さらには、球場に到着後にもマシーンに向かい、打撃練習を終えてまたトレーニングをする。

おそらく「鍛える」というよりは「整える」という感覚だったのだと思われる。自らの肉体の一つひとつと対話しながら、コンディションづくりをしていたのではないか。

トレーニングだけではなく、食事からも「ブレ」を排除していたことが、引退会見でも明かされた。夫人へのコメントを求められたイチローさんは、次のように答えている。

「僕はアメリカで3089本のヒットを打ったんですけど、およそゲーム前、ホームのときはおにぎりを食べるんですね。妻が握ってくれたおにぎりを。その数が2800くらいなんですよ」

「イチローさんのように」とはいわない。だが、アスリートがハイパフォーマンスを求められる以上は、「ブレ」に対して敏感であるべきだ。

そのためには、**「モノサシ」となる「基準点」が必要**だ。「規則正しい生活習慣」こそが、体調やメンタルの「モノサシ」と成り得るのだ。

不規則な生活は、モノサシ自体が狂うことを意味する。すると「わずかなブレ」に気づかなくなってしまうのである。

たとえば、毎日決まった時間に起床すれば、その時点での「心身のブレ」に気づく。毎日同じメニューはムリだろうが、同じ時間に、ほぼ同量で食べれば、体調の変化がわかる。**「ブレ」を自覚できれば対処もできる。**それが大きな意味をもつと思うのだ。

大事な試合で、選手が「あれ、調子が上がらない」という感じで、首をひねっていることがある。コンディションが悪かったことを、試合中に気づいたのだろう。

そして、焦りから自滅していく。あるいは、ふだんとは違うことをやり、チームの動きがギクシャクしていく。私はこれまで、そんな悲劇を何度も見てきたが、試合中に後悔しても後の祭りである。

point

規則正しい生活という基準点をもつと、わずかなブレを自覚できる。

2

ルーティンにこだわる

集中モードに切り替える「独自の方法」をもっているか？

〈ボールを回してセットしたら、後ろに3歩、左横に2歩動く。右腕を下から上へ振って、両手を組み合わせ、8歩助走して蹴る〉

２０１５年のワールドカップで話題を呼んだラグビー元日本代表・五郎丸歩《あゆむ》選手のペナルティキックにつなげる一連の動作である。忍者のように両手を組む仕草は「五郎丸ポーズ」と呼ばれ、大人も子どももこぞって真似をしたものだ。いわゆる「ルーティン」である。

アスリートにとってルーティンは、集中力を高めたり、不安や緊張をやわらげるなどの効果があるといわれるが、私がチームの選手たちに期待するルーティンの役割の一つは、「モードの切り替え」である。

彼らは選手であって、大学生。平日は授業を受けてから体育館に来るわけだが、ここで大切なのが、大学生からバレーボール選手への切り替えがしっかりできていること。

自己採点

点 | 100点

これが簡単なようでいて、なかなか難しい。**「心ここにあらず」というのが手に取るようにわかる選手が多い**のだ。テストの結果を引きずっているのか、彼女とケンカしたのかは、わからない。だが、そういうときにはベストパフォーマンスを発揮できないことは、経験上はっきりとわかっている。案の定、マネージャーに「あいつ、どうかしたの?」と聞くと、「はい、じつは……」となることが、ほとんどである。

練習場所に入るときは、心理的・身体的に、練習モードに切り替える。そのための〝切り替えスイッチ〟として、ルーティンを活用してはいかがだろう。

たとえば、「掛け声」はアスリートにとっての「スイッチ」になると、私は考えているが、方法はなんでもよい。大切なのは、スイッチを入れること。そして、一度スイッチを入れたなら、目の前の課題に一心に取り組むと決めてしまうことだ。

人間は心を自在にコントロールすることは難しい。だが体は動かせる。**この特性を利用し、体を使って心を切り替えてしまえばよい。**それが最も確実で手っ取り早い方法である。

point

心のコントロールは難しい。だから、体を使って切り替えよ。

3

睡眠の質をよくする

「睡眠時間」ではなく「睡眠の質」を考えているか？

地方や海外を飛び回って試合にのぞむトップアスリートの中には、使い慣れた専用の寝具をもっていく人がいるように、睡眠を重視する選手はとても多い。

実際、**睡眠がもつ心身の疲労回復効果は絶大だし、睡眠時に分泌される成長ホルモンには、成長促進だけでなく、傷ついた細胞や消耗した体組織の修復や再生という、重要な役割がある。**逆にいえば、成長ホルモンが十分でないと、疲れが取れない、ケガが治りにくいといった不調が現れやすくなるということである。

さて、成長ホルモンといえば、「睡眠のゴールデンタイム」をご存じだろうか。

これは、成長ホルモンが集中的に分泌される22時から2時までの4時間を指し、この時間帯に睡眠をとらないと背が伸びないとか、女性たちのあいだでは肌の再生が滞り、美容によくないなどともいわれてきた。

自己採点	
点	100点

この説には賛否両論あって、22時から2時という時間帯には関係なく、入眠から3時間までのあいだに最も多く成長ホルモンが分泌されるという研究者もいる。だが、25年以上の指導経験から断言できるのは、「睡眠の質をよくすることは重要」ということだ。

過去に、経済的な事情で深夜のアルバイトを許可した選手が何人かいた。彼らのパフォーマンスは、深夜バイトをする前にくらべ、確実に低下した。「大丈夫か？」と聞けば、「空き時間に寝ているので大丈夫です」と答える。しかし、それでも**パフォーマンスが下がるのは、やはり「昼間とぎれとぎれに睡眠し、深夜に起きていることが原因」**なのだろう。睡眠の質が悪いのだ。昨今では、スマホも睡眠の大敵である。スマホが脳を刺激したり、自律神経に影響を及ぼしたりして、眠りを浅くすることは私自身も経験している。

最近、『気の呼吸』という本を読み、その呼吸を実践すると、睡眠の質がよくなった。口から静かに息を吐き、吐き終わったら、今度は鼻から静かに吸う。私の場合は、ひと呼吸で30〜40秒になるが、いつも4〜5回で眠ってしまう。試してみたらいかがだろう。

point

睡眠の重要性を認識する。寝る前はスマホを見ない。

4

夏でも湯につかる

血流の促進を心がけているか？

自己採点

点｜100点

血液の滞りは、手足の冷えや、肩こり、腰痛、倦怠感、免疫力の低下や慢性疲労など、さまざまな不調を引き起こす。アスリートにとってはパフォーマンスを下げる原因にもなるため、血行促進は体のコンディションを整えるうえでの重要ポイントといえるだろう。

そして、「血行をよくするにはどうしたらいい？」と聞かれたら、私は迷わずこう答える。**血行をよくするための最も手軽で簡単な方法は、お風呂に入ることであり、アスリートなら毎日お湯につかるべし！**　と。夏でも湯船につかるというのが私の持論だ。

血行を促す方法には、適度な運動や、マッサージ、食事療法などがあるが、お風呂のお湯にゆっくりつかり、リラックスタイムをつくることは、とくに有効だ。

お風呂の効果については、次のようなことがよく知られている。

①温かいお湯につかることで体温が深部まで上昇し、全身の細胞が活性化する。

②適度な水圧は全身をマッサージするようなものであり、血管やリンパ管が刺激されて、血液やリンパ液の流れが促進される。

③お湯につかると浮力が働き（体重が10分の1程度に減少）、全身を支えていた筋肉や関節が解放される。

もちろん、お風呂の効果はこれに留まらないが、以前、腰痛を抱える選手に**「練習前の入浴」をすすめた。すると体の深部まで温めてウォーミングアップを行ったことで、明らかな効果を発揮した。**痛みが軽減し、動きがよくなったのだ。

昨今では、激しい練習や試合のあとに、15度程度の冷水につかる「アイスバス」を取り入れているチームもある。ケガをしたときには、氷で「アイシング」をし、炎症を抑えるのが基本なので、アイスバスは理に適っている。しかし、練習前は温かい湯につかり、血管や細胞を活性化させるということが重要かつ、現実的だ。練習前は難しいという人も、湯につかることは習慣にしてほしい。

point

入浴は汗を流すだけでなく、コンディショニングで重要な役割を果たす。

5

毎朝の体調チェックをする

体調と体の働きの関係を感覚的に把握できているか？

この章の最初に、「規則正しい生活をする」という習慣について話した。くり返しになるが、アスリートの身体的・精神的なコンディションはとても繊細で、ほんのわずかな変化を敏感に察知することが大事である。

この**「わずかなブレ」を見逃さないためには、朝のチェックが必要になってくる。**

26ページのチェック表は、体調を管理する際に必要最低限の項目を挙げたものだ。「文字を書く」となるとハードルが上がるが、印をつけていくだけならできるだろう。

1日ではなく、日々の推移をチェックすることにも意味がある。この表は1週間のサイクルにしたが、毎日つけているうちに、自分のコンディションの変化の特徴がわかるようになり、大切な試合に向けてのピーキングもしやすくなる。

このようなチェックを学生に課すと、「記録すること」が目的となり、意味をなさない

自己採点

点 ／ 100点

ことが多い。また、義務感でやるとつづかなくなる。継続する一番のコツは「面白がること」といえるだろう。「研究する」という意識で行ってみることだ。

漫然とチェックするだけなら、まったく面白みはない。しかし、**コンディションにフォーカスし、自分の体と真剣に対話しながら行うと、俄然《がぜん》、面白くなってくる。**

たとえば、あなたは、朝のチェックで体重に変化があったときに、何を感じるだろうか。「しまった。0・3キロオーバーだ。昨日食べすぎたな」「よし。0・3キロ減ってるぞ」で終わらせてはつまらない。これでは体調チェックの役割を半分も果たしていない。「このくらいの体重のときに軽く感じるんだな」「動きがいいときって、このくらいの体重のときなんだな」というところまで感じることである。

このように**「数値」と自分の感覚とのすり合わせができる**ようになると、「体の重さを感じずに最もパワーが出るのは○キロだ。この体重を目指して、こういう生活をしよう」というように、**目標とそれに対する方法がより明確になる**のである。

point

体調チェックは、コンディションと照らし合わせて考える。

1週間の変化がわかる セルフチェックシート

該当する欄に⊠、下の／には日付を記入しましょう。

＊コピーして使ってください。

■昨日の練習（活動）強度

+6～							
+5							
+4							
+3							
+2							
+1							
通常							
-1							
-2							
-3							
-4							
-5							
-6～							
	／	／	／	／	／	／	／

■寝起きの体の調子（良い・悪い）

+6～							
+5							
+4							
+3							
+2							
+1							
通常							
-1							
-2							
-3							
-4							
-5							
-6～							
	／	／	／	／	／	／	／

■練習前の体の調子（良い・悪い）

+6～							
+5							
+4							
+3							
+2							
+1							
通常							
-1							
-2							
-3							
-4							
-5							
-6～							
	／	／	／	／	／	／	／

＊寝起きの状態を把握し、そこから食事や事前の準備を通して、練習前にどのようなコンディションがつくれたかを知る

■メンタルの状態

かなりよい							
よい							
ややよい							
ふつう							
少し落ちている							
落ちている							
かなり落ちている							
逃げたい							
	／	／	／	／	／	／	／

■パフォーマンス状態

最高のでき							
かなりよい							
よい							
ややよい							
通常							
やや悪い							
悪い							
かなり悪い							
最悪のでき							
	／	／	／	／	／	／	／

■睡眠時間

10~							
9~10							
8~9							
7~8							
6~7							
5~6							
4~5							
0~4							
	/	/	/	/	/	/	/

■脈拍（30秒）

+14~							
+10~13							
+7~9							
+4~6							
+1~3							
平均　回							
-1~3							
-4~6							
-7~9							
-10~13							
-14~							
	/	/	/	/	/	/	/

■朝の食欲

かなりある							
ある							
ややある							
ふつう							
ややない							
ない							
全然ない							
	/	/	/	/	/	/	/

■体温

+2.1~							
+1.1~2							
+0.6~1							
+0.5							
+0.4							
+0.3							
+0.2							
+0.1							
平熱　℃							
-0.1							
-0.2							
-0.3							
-0.4							
-0.5							
-0.6~1							
-1.1~							
	/	/	/	/	/	/	/

■体重

+3~							
+2~							
+1~							
+0.6~							
+0.5							
+0.4							
+0.3							
+0.2							
+0.1							
平均　kg							
-0.1							
-0.2							
-0.3							
-0.4							
-0.5							
-0.6~							
-1~							
-2~							
-3~							
	/	/	/	/	/	/	/

■便通

軟便							
多い							
ふつう							
少ない							
ない							
	/	/	/	/	/	/	/

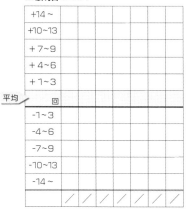

6

「ToDoリスト」を書く

日々の練習を無計画に「なんとなく」やっていないか？

自己採点
点｜100点

恐縮だが、身内の話をさせていただこう。中学2年の私の娘は、勉強が苦手である。試験前などは、本人的には頑張って勉強しているのだが、結果が伴わない。

ある日、危機感を抱いた妻が一冊の手帳を買ってきた。それは、「自主性を育み、自分でやる子に育つ」という、子どものための手帳。この手帳は、予定欄に「達成した・達成しなかった」の表示があり、達成したことが「見える化」される。

この「見える化」が、やる気に火をつけた。娘は自ら予定を立てて書き、「達成」のチェックを入れるようになった。そして迎えた定期テスト。結果は、見事にアップした。

「計画&実行」の大切さを改めて感じたのと同時に、**「やってる感」「やった感」を生み出す無計画で場当たり的な勉強の怖さを思い知った**次第である。

スポーツの世界にもこれはいえる。計画性が出てくると、行動や成果に対しての評価が明確になる。すると、やり切れていないこと、次にやるべきことがはっきりと見えてくる。

さて、あなたはどうだろうか？　無計画で目標の不明確な練習をしていないか？

これでは「やり切ろう」という意欲は高まらず、結果も残らない。言葉は悪いが、意味もなく回し車を走るハムスターのようだ。そんな人におすすめなのが**「ToDoリスト」**だ。ノートや手帳、カレンダー、パソコン、スマホのアプリ……何を使ってもいい。

ポイントは、**やり遂げた予定には印をつけることだ。やり残したことは、翌日以降にくり越しても、必ず完遂する。**慣れてきたら、「1日」のToDoリストに加え、「今週」や「今月」など、中期・長期スパンのリストをつくってみるとよい。

「○○をやる**（計画）**」→「じっさいに動く**（実行）**」→「どうだった**（評価）**」→「次はどうする**（改善）**」というサイクル（PDCAサイクル／32ページ参照）をくり返すことで、自己管理や自己能力の把握ができるようになる。これにより、自己能力が発揮しやすくなるだけでなく、確実にアップする。

point

ToDoリストを活用し、計画→実行→評価→改善のサイクルをくり返す。

7

次にするべきことを意識する

いつも目の前のことだけにあたふたしていないか？

スポーツの現場では、「集中しろ！」と指導者の大きな声が飛ぶ。だが、いわれるほうだって、そんなことは百も承知だ。バスケットボールの試合中の大事な場面で、フリースローを決めようというときに、「今夜の夕飯は何かな？」などと考える選手はいない。

さて、**集中とはなんだろう？　集中することは、本当にいいことなのか？**

スポーツからは離れるが、みなさんは、こんな経験はないだろうか。

• 電車の中で夢中になって本を読んでいたら、駅を乗り過ごしてしまった。

• テレビに夢中になりすぎて、お母さんに呼ばれたのに気づかなかった。

どちらも、**集中から生まれたミス**といえる。

集中力は、時と場合で素晴らしい働きをするが、誤った使い方をすると、「周りが見えなくなる」「身動きが取れなくなる」などのマイナス面がクローズアップされる。

自己採点	
点	100点

思考は複層的であるべきで、思考のすべてが何か一つのことだけに支配されてはいけない。私は常々そう感じている。

「木を見て森を見ず」という言葉を聞いたことがあるだろう。「物事の細部や一部に心を奪われて、全体を見通せなくなる」という意味だ。「大局を見失っているために、本質を見誤る恐れがあるよ」という戒めにもよく使われる。

学生を見ていると、「木だけ」を見るように細部にばかりこだわる者がいる。反対に「森だけ」をボーッと見て細部がおろそかな者もいる。

木だけでも、森だけでもダメなのだ。**全体がわかったうえで、部分も詰められる。部分に注意を払ったうえで、全体にも意識を広げられる。この両方の視点が欠かせない**のである。

「集中」は、中に集めると書き、フォーカスを絞っていくイメージがある。だが、**真の集中とは、「狭い範囲」と「広い範囲」、そのどちらにも感覚を合わせられることだ**と、私は考えている。事実、**一流のアスリートは、その両方の視点と感覚をもっている**のである。

point

目の前のことに心を向けながら、俯瞰してとらえる意識をもつ。

8

自身の行動計画を計算できる

時間通りで行動を終えられているか？

自己採点
点 ｜ 100点

　先日、あるネットサイトのQ＆Aコーナーに面白い質問があった。

「スマホがない時代、電車で遠出をするときは、どうやって時刻通りについたの？」

　確かに、今は乗り換え案内のアプリが、電車移動を考えてくれる。かつては、時刻表を調べ、駅までの移動時間や乗り換え時間を計算し、時間に余裕を見て行動した。

　便利にはなったが、スポーツの現場では、その弊害も実感している。自分の頭で考え、計算し、計画を立てて行動するという大切な機会が失われているのではないかと思うのだ。

　アスリートにとって、**計画し（Plan）、行動し（Do）、正しく評価し（Check）、改善する（Action）という４つの能力**はとても重要である（一般的にＰＤＣＡサイクルという）。

　たとえば、苦手を克服するために練習計画を立てたが時間内にメニューを消化できない。翌日もその次の日も、ほぼ同じところで時間終了。これでは永遠に苦手は克服できない。

問題は、計算ができていないこと、目標が未達成なのに改善されていないことだ。

たとえば、ウォーミングアップは7分で体が温まる、サーブを100本打つには1本6秒で10分かかる、この練習の負荷でこの気温なら15分の休憩が必要だ、などと計算したうえで計画を立てれば、プログラムをやり遂げることができる。あるいは1日目でサーブに12分かかったのなら、1本に7秒以上かかっており、それを短縮すべく改善すればよい。

やはり、なんとなく計画を立て、なんとなく練習しているのである。

「Plan→Do→Check→Action」のサイクルがしっかりできていることが成長のカギになるのだが、この例では**Planにおける計算とActionに対する認識が甘い**といわざるを得ない。

余談だが、ときに計算能力の使い方を間違えている選手がいる。たとえばA君は、ランニングをすると、いつも設定タイムのギリギリにゴールする。本気で走ればもっとタイムを上げられる選手なのに、規定時間内にゴールできるよう計算し、力を抜いてしまうのだ。その能力を別のところで生かせていたら、彼はもっと成長したに違いない。

point

目標を達成するには、まずは自分の行動時間を計算できるようになること。

9

常にアンテナを張る

狭い世界に閉じこもっていないか？

自己採点

点｜100点

2020東京五輪では若いパワーが炸裂《さくれつ》し、29年ぶりに8強入りを果たした男子バレー。チームの若手の筆頭・西田有志選手は、準々決勝でブラジルに敗れたあと、こう語った。

「イタリアにいく。自分のバレー人生でその景色を見て、試合の雰囲気を肌で感じたい」

現状に満足せず、世界にチャレンジする若きバレーボーラーを心から応援したい。

20年前の話だが、「ヨーロッパのトップリーグのバレーを現地で見て、肌で感じたい」と思い、私もイタリアを訪ねたことがある。到着した次の日から体育館に通いつめた。

間近で見たヨーロッパのトップリーグのバレーの技術と迫力は、私の一生の宝物となったが、それと同じくらい「大きな学び」となったのは、試合会場の雰囲気だった。

DJによる応援合戦に、まずは度肝を抜かれた。自チームをガンガン盛り上げたり、サポーターのリーダーが拡声器を使って相手チームをあおったりする。当時の日本ではありえないことだった。また、試合前に子どもたちがコートに入り、ネットを挟んでボールを投げ入れる遊びタイムがあった。「こんなふうにバレーを楽しむんだなぁ」と感動したことをよく覚えている。

世界は広いのだと痛感させられた。バレーボールに関して、私は専門家のつもりでいたが、それは日本国内での狭い世界のものだった。私の価値観は大きく変わった。

正直にいうと、イタリアにいった当時、私は指導者として煮詰まっていた。「現状打破のカギ」を探していたのだと思う。

アスリートは「追究型」であり、限定された空間の中で自身を追い込んでいく。それは能力を高めるうえでは大切だ。だが**「外向きの自分」をもつことで何かが見えてくる。自分のこだわっていることが、とても小さなものであると気づき、心が軽くなることもある。**

新聞を読む、新たな知人を得る、読書をする。ふだんと違うことをしてみよう。新たな気づきを得たとき、あなたは人間として確実に成長する。それはプレーにも現れるはずだ。

point

現状打破のカギは競技の外にも落ちている。見聞を広めてみよう。

10

食事への健康意識が高い

食事が体をつくることを意識して食べているか？

アスリートにとって、勝つことは食べること。トップ選手になるほど自己管理能力が身についており、食事をトレーニングの一部ととらえられている選手も多い。**「最後の1㎝、最後の1秒は、何を食べてきたかで決まる」**などといわれるが、それは真実だと思う。

ところが現実は、朝食を抜く、好き嫌いをするなど食べることを軽視しているアスリートは多い。また、「これがよい」といわれるものばかりを偏食する選手もいる。

とくに大学生アスリートの多くは、一人暮らしで、良好とはいえない食習慣に陥る選手が少なくない。何人もそういう選手を見てきた。一人の例を紹介したい。

地方出身の彼は、大学に入り一人暮らしを始めた。あるとき私は、彼が入学前よりやせたことに気づいた。そして明らかに、体の動きも悪くなってきた。話を聞くとこういった。

「僕は料理ができません。経済的にも苦しくて、コンビニ弁当もめったに食べられない。

自己採点

点｜100点

お米だけは親が送ってくれるので、炊き込みご飯の素で炊いたご飯を食べています」とてもじゃないが、これでは体がもたない。私は、親御さんにも相談し、食生活の改善をすべく支援をお願いした。

その結果、彼の顔色はよくなり、体にハリが出てきた。プレーのキレも戻っていった。彼の場合は、明らかな変調が見えたので私は介入したが、本来は自己管理が基本だ。自分の体を自分で守れないような者が、ハイレベルの競技で勝ち抜けるはずがないからだ。

だが、ここで一つだけ助言しておこう。それは**「漫然と食事をしない」**ということだ。出された食事をただ「おいしい」と食べるのではなく、「これは筋肉になる」「これはエネルギー源」「これは血液」と意識しながら食べること。そのために「栄養学」の基礎を学んでほしい。本でもネットでも少し勉強すれば足りる話だ。初めは少し努力が必要かもしれないが、やがて習慣となり、日常となる。**私の体は私が食べたものでつくられる――**。

この言葉を肝に銘じれば、1回1回の食事をおろそかにできなくなるはずだ。

＼point／

その食事が自分の体になり、動力になる。何を食べるか真剣に考えよう。

11

ルックスを気にする

今その格好で自信をもって人前に立てるか?

以前、知り合いの女性がこんなことをいっていた。

「雨の日など、どうしても前髪が決まらない日がある。そういう日は一日中憂鬱《ゆううつ》。気分が上がらない。気おくれして行動が消極的になる」

反対に、髪のセットがうまくできた日は、気分がよく、積極的になれる、行動範囲が広がるともいっていた。これは女性に限った話ではないだろう。

- お気に入りの服を着ているときと、流行遅れのダサい服を着ているとき。
- おんぼろの車を運転しているときと、ピカピカの高級車を運転しているとき。

どちらのほうが気持ちが上がるかは、いうまでもない。

人は無意識のうちに、身につけているもの=ルックスによって行動が変化するものなのである。

自己採点

点 | 100点

コンマ1秒、コンマ1㎝を競うアスリートの場合、「わずかな気おくれ」が勝敗を分ける。トップを目指すなら、そうしたマイナス要素を徹底的に排除し、**モチベーションの上がる状態を自分自身でつくり出すべき**である。

「ルックスを気にする」のもその一つ。ブランド物で着飾りなさいとか、高価なアクセサリーを身につけなさいという話ではない。**どんなときも、自分に自信をもっていられるか、**ということが問われているのである。

さて、私がここで話したいのは「何を身につけるか？」ということではない。**さまざまなことを考え、工夫し、厳しい練習を積み、自身の限界へチャレンジを重ねたアスリートは立ち姿からして違う、**ということをいいたいのだ。

たとえば、背筋がピンッと伸びた人のたたずまいから自信を感じることがある。顔つきにもそれは現れる。**「姿は心を表す鏡」**である。**自身の姿＝姿勢は自身がくり返してきた行動がつくるもの**なのである。

point

自分に自信がある人は、立ち姿からして違いがあるもの。

12

人柄が明るい

どんなにネガティブな状況でも明るくいられるか?

自己採点

点 | 100点

ある年のキャプテンの話である。

彼は下級生のころからチームのエースとして活躍してきた。バレーもうまい。しかも、真面目で熱心、努力家だ。「こいつならチームを引っ張ってくれる」と思い、キャプテンに指名した。ただ、一つだけ不安材料はあった。明るさである。

真面目すぎるのか、考えすぎるのか。とくに試合の流れが悪くなると自分の内側にこもり、淡々とプレーをする。下級生にしてみれば、正直、ちょっとやりづらい。萎縮するような場面が見られるようになり、私の不安が現実になった。私は彼と話をすることにした。

「プレーに関しては、君はやるべきことをきちんとやっている。練習への取り組みも申し分ない。だが、その真面目さが裏目に出てしまっているようだ」

「……それは気づいています。でも、自分のプレーに専念すればついてきてくれるかと」

「その通りだと思うよ。だったら今度は、キャプテンを演じてみたらどうだろう？」

「……演じる、ですか？」

「そう。後輩が思い切りはじけられるようなチームのキャプテンを演じるんだ。ふだんの自分じゃなくてもいい。役割として…そう、役者のように違う自分を演じてみる」

以来、彼は見事に明るいキャプテンになり、チームのポテンシャルも上がったのである。

「明るさ」とは「前向きなマインドの表現」である。競技スポーツでは、相手はこちらを負かそうとするわけだから、基本的に不都合なことしか起きないと考えていい。

そんな中で、**深刻な顔をしていれば、誰かが手を差し伸べてくれるのか？**

それは絶対にない。**自分でなんとかするしかないのだ。**人間は弱いものだと思う。だが、前向きな思考、前向きな行動、前向きな指示。さらには周りを巻き込むエネルギー。たとえ最初は演技でも、これをもとうとすることが大事なのではないか。事実、そういう人間は強くなる。アスリートの中でも一流になっていくのは、そういう人間たちである。

point

どんな状況でも、明るくやり切れる人間は一流に近づく。

13

アイデアを常にもっている

トライ&エラーを楽しむことができるか?

自己採点

点 | 100点

元サッカー選手の中村憲剛《けんご》さん。Jリーグの歴史に名を刻むような名選手だ。現役生活18年間を川崎フロンターレで過ごし、2020年シーズンを最後に引退した。『考える習慣』という彼の自著の中で、興味深いエピソードを見つけた。

スタメンに抜擢されたばかりの中村選手に、チームメイトのジュニーニョはこう言った。「横を向くな、前を向く努力をしろ。もし前を向けたなら、どんなに速いボールでもいいからオレに縦パスを入れろ」と。だが、中村選手はミスを恐れて縦パスを出さなかった。ジュニーニョは「なんでだ! 躊躇《ちゅうちょ》せず入れろ」という。そこで「もう知らねえよ」と割り切って縦パスを入れたところ、それがゴールに結びついた。以来、中村選手の中で迷いがなくなり、この二人の縦の攻撃は相手チームに脅威を与える武器となったそうだ。

この話を出したのには、意味がある。私は「トライ&エラー」のエラー、つまり失敗した自分、ダメな自分をさらけ出すことを嫌う選手が増えているように感じているからだ。

なぜ、近年の選手がエラーを恐れるのか？　彼らがどこかで身につけたちっぽけなプライドのせいなのか、スパルタ指導の代償なのかはわからない。だが、彼らは自分でコントロールできる領域から出ていこうとしない。トライしなければエラーはしない。格好いい自分でいられるというわけだ。その気持ちは、わからなくもない。

しかし、過去に、他チームも含め、そういう選手を多数見てきた経験からいえば、最初からミスを恐れて**トライしない選手に成長はない。大成しないということは断言できる。**

反対に、アイデアにあふれ、**トライ&エラーをする選手は楽しそうにプレーする。**「好きだ、楽しい」という気持ちが伝わってくる。指導者の立場からすると、「次は何をやるかな」と期待してしまうのだ。事実、**彼らは失敗をプラスに生かして成長していく。**

失敗を恐れずトライしてみないか！　そして、指導者のみなさんには、トライ&エラーを歓迎する雰囲気をつくっていただけるよう、伏してお願いします。

point

アイデアがあるなら恐れずトライ。何もしなければ今のままだ。

14

親離れできている——その1

自分の殻を自分で破ることができるか？

前項で、「ダメな自分をさらけ出すことを嫌う選手が増えている。それがトライ&エラーを妨げている」という話をしたが、ここで少し補足をしたい。

ある年、まさにそういうタイプの選手がいた。彼は一見、とてもうまいバレーをする。だが、よくよく観察してみると、彼は自分がミスしない範囲を心得ていて、決してそこから出ていこうとはしない。自分のできる範囲でしかやらないのだから、うまいはずである。

彼は中学・高校で全国優勝を経験しているエリート選手だった。そんなプライドもあったのかもしれない。しかしプライドなんてものは、簡単にへし折ることができる。事実、それをすることがある。たいていの選手はそこから脱皮し、一回りも二回りも成長する。

どうしても自分の殻を破れない選手の中には、ある問題を抱える人間が少なからずいる。

いわゆる「親離れできない子、子離れできない親問題」である。この問題に頭を悩ませ

自己採点

点 ／ 100点

ている指導者は多いだろう。

ある強豪高校の話だ。夏の暑い日に行われた試合の休憩時間、母親が、息子の首筋に氷《ひょう》嚢《のう》を当て、うちわであおいであげている場面に出くわしたそうだ。高校生の息子にそれをやる母親も母親だが、高校生にもなって、やってもらう子も子だろう。やはりその子もトライ&エラーを楽しめる選手ではなかったそうだ。いわゆる「いい子」には違いない。人間的に悪いわけではない。だが、大事なときに限って、あるいは試合の大詰めに入ったようなときに仲間を頼ったプレーをしたり、思い切った判断を下せないままプレーするようになる。また親も、「なぜうちの子を使わないのか」と詰め寄ってくる傾向がある。

こんな例を何度も見てきたが、こういう選手で一流になった者を私は知らない。指導者としても、大人に向かって「そろそろ子離れしてください」とはいいにくい。

だが、親御さんがどうであれ、自立するのは本人だ。最終的には選手が自ら解決すべきことで、私たちはそれを見守るしかないのだ。

point

自分の殻を破れるのは自分だけ。親でも指導者でもありません。

15

親離れできている――その2

身のまわりのことをきちんと自分でやっていますか？

前項に引きつづき、「親離れできない子、子離れできない親の問題」を考えたい。

競技スポーツは趣味のスポーツとは違い、「技を競う」とある。もちろん、スポーツはすべからく技を磨くが、競技スポーツは「勝ち・負け」を競うのが前提だ。

よって、本人はもとより、親御さんも、ときには家族総出で、子どものスポーツにのめり込んでいく。二人三脚のような親子も少なくない。それが悪いとはいわない。だが正直、危惧もしている。なぜなら私は、**競技スポーツは「自立の場」**だとも思っているからだ。

厳しい鍛錬、厳格なルール、仲間との関係づくり、勝負の重圧、勝利の喜び、負けの悔しさ、不条理な状況……。そんな中で「くじけて、立ち上がる」をくり返し、**人間として成長できるのが、競技スポーツだ。**しかし、その機会が奪われつつある。

よくいわれることだが、「親」という字は「木の上に立って見る」と書く。だが、現実には、

自己採点

点｜100点

難しいのかもしれない。転ぶ手前で「そこは危ないぞ」と注意する、邪魔になる石をどける、転ばぬよう支える、転んだら助け起こす、手を差し伸べるという親御さんが増えているようなのだ。せっかくの「自立の場」を奪っていることに気がつかないのだろう。「さすがに実際には少ないだろう?」と思われるかもしれないが、昨今は、選手起用や指導方針に関しても、口を出す方が増えているというのは、指導者の共通した見解だ。

だが、**親御さんがどうであれ、自立するのは、あなた自身**である。

小・中学生なら、自分で目覚まし時計を使って起床する、布団やベッドを整える、部屋の掃除をする、持ち物を管理する、ということから始めてみよう。

高校生なら、これに加え、最低1日一つ、家の手伝いをすることを日課にしたらどうか。それで寝坊したら仕方がない。痛い思いをすれば、次からはきっちり起きるはずだ。

こうした小さな積み重ねが「親離れ、子離れ」のきっかけになり、ひいては仲間からの信頼、勝負強さにもつながると思うのだが、私の考えは古いのだろうか。

point

自分のことは自分で責任をもつ。それがアスリートの第一歩。

16

創造的に力を発揮する

自分の意志で動いているか。いわれたことだけをこなしていないか？

自己採点

点｜100点

世の中には「指示待ち人間」と分類される人種がいる。

読んで字のごとく、人からの指示を待つだけの人。自発的に行動を起こさずに、誰かにいわれた通りにしか物事を進められない人のことである。

スポーツの世界に限った話ではなく、会社などでもそうだろう。彼らは自分で状況を判断することができない。だから決断することもできない。いや、そもそも自分で考えることすらしないのだ。このため職場では、責任ある仕事を任せてもらえないことが多い。

たとえば、上司に「この資料を100部コピーして」と指示されたとしよう。このとき、指示待ち人間は指示された通りしっかり100部コピーして、上司に渡し、終了。

しかし、自発的に考え、行動できる社員ならば、少なくなったコピー用紙を補充したり、「ホチキス留めをしておきましょうか」と、次の展開を考えて気を回す。

もしもあなたが上司だとしたら、どちらのタイプに仕事を任せたいと思うか？

十中八九、「自発的な人間」と答えるのではないだろうか。

さて、あなたはどうだろうか？　自発的に取り組んでいるだろうか？

自発的な人物は、やるとなったことに対して、それをこなすことを目標とするのではなく、「どのように行うか」とか「どこにコツがあるか」などを考えながら取り組む。

たとえば、小・中学校のバレーの練習などにありがちな光景だが、「サーブ100本！」と指示が出たとする。このとき、指示待ち人間は指示された通りしっかり100本打って終了する。指示通り「100本打つこと」を目的にするからだ。

いっぽう、自発的人間は、たとえば最初の10本は24－24のしびれる場面でのサーブを想定して打ち、次の20本はサーブの緩急を意識し、つづいて10本ずつ狙う場所を変えるなど、工夫をする。**「現時点での課題の克服」と「実戦で使えること」を目的としている。**

どちらのタイプが成長するかは、明らかである。

point

自発的人間は想像力も働き、日々の練習は「創造的」になる。

17

コミュニケーション能力が高い

自分一人でやっている気になっていないか？

自己採点

点 ｜ 100点

「一流のアスリートになりたければ、コミュニケーション能力を高める必要がある」

こういうと、次のような反論が返ってくることがある。

「私は陸上の長距離選手です。コミュニケーション能力はとくに必要ありません」

あなたはどう思うだろう？　あなた自身は積極的に人と関わっているだろうか？

バレーボールやサッカー、バスケットボールなどのチームスポーツをやるなら、コミュニケーション能力は不可欠なスキルだ。これについては説明するまでもない。

けれどそれは、陸上や柔道、水泳、体操、卓球など、どの個人競技の選手にとっても同じこと。とくに一流のアスリートには、高いコミュニケーション能力が必要だといえる。

２０２１年の全豪オープンで優勝した大坂なおみ選手は、このように語った。

「私のチームは私の家族のようなものです。あなた方とさまざまな素晴らしい経験を共有して今日に至っていると思います。（コロナ禍での）隔離期間も乗り越えて、ずっといっしょにやってきた、私のチームに感謝したいです。家族も私を支えてくれました」

自分一人の力だけで競技スポーツをしている選手はいない。コーチ、スタッフをはじめ、試合の運営者、会場関係者、家族、友達、そして相手……。檜《ひのき》舞台に立つアスリートの陰には多種多様な人のサポートがある。このことに気づかずに「自分一人でやっている」と勘違いしているような選手はいずれ協力者を失い、プレーにも支障をきたすことになる。

コミュニケーションとは「心を開く」ことだと、私は考えている。**アスリートが力を伸ばすには、「自分の内側を見る作業」が不可欠だが、同時に「外に開く」ことも必要なのだ。**

２０２０東京五輪で、日本のメダリストたちのインタビューを見ればそれは明らかである。例外なく全員が明るくハキハキと話し、人を惹きつける魅力に満ちていた。とことん内に向かい己を深めた人間だが、心は閉じていない。自分の弱さや脆《もろ》さも知るだけに、人のありがたみがわかるのだろう。選手それぞれが口にする感謝の言葉が印象的だった。

point

周囲の助けで今がある。過去あなたに関わった人をすべて考えてみて。

18

楽をしない

ハードワークを嫌い何事にもそこそこで当たっていないか？

自己採点

点｜100点

インターネットを開けば、「〇〇するだけでやせる！」とか「1日たった〇分で英会話が身につく！」といった、楽して成功する系の広告があふれている。それだけ多くの人が「苦」を嫌い、「楽」を求めているのだろう。まあ、当然といえば当然である。

少し古い話だが、2005年に、『ビリーズブートキャンプ』というエクササイズDVDの日本語版がヒットした。アメリカ軍の新人向け基礎訓練であるブートキャンプをベースとしたエクササイズで、「7日間の短期集中型減量プログラム」である。

内容はかなりハードだが、なぜ、このとき人は、ハードワークを求めたのか？

街頭インタビューでは「達成感が気持ちいい」「楽なものはウソっぽい」「やり切るのが楽しい」などの声が聞かれた。私はこれをとても意外に思った。

なぜなら、人間は本来、苦しいことが嫌いな生き物だからだ。もう少しいえば、ハードワークはアスリートたちの「専売特許」のようなものだと思っていたのである。

鍛錬が苦しいのは当たり前の話だ。筋肉は負荷をかけて動かすことで強く太くなるわけだし、それは日常にはないつらい作業だ。また、競技には、勝ちと負けを決めるという特性がある以上、やはり強いメンタルが必要になる。アスリートは心身に強い負荷をかけることで、強くなっていくのである。

だが、欲をいえば、**苦は苦でも自己満足的な苦ではなくて、周りのため、チームのためを考えた末の苦の道を、周りの人々をも巻き込むエネルギーをもって進んでほしい。**

「あいつ、あんなにつらいことを、あんなに一生懸命やってるよ。俺もやるぜ！」

「あいつ、なんか楽しそうだぞ。俺もやるぜ！」

一人の「がむしゃらさ」が他者の力にもなっていくことは、競技の世界では疑いようのない真実だ。それならば、影響を受ける側ではなく、影響を与える側になったらどうか？

そういう意識で挑戦できる人が、正しいハードワーカーであり、一流なのである。

point

あなたの熱い姿は、必ず他者に伝わる。そしてその熱は広がっていく。

19

常に備える

滅多に起こらないようなことにもこだわって対処しているか？

自己採点

点｜100点

人は、頻繁に起こることには注意するが、滅多に起きないことには目を向けない。しかし、回数の多い少ないで重要度が決まるわけではない。

２０１９年10月、台風19号による記録的な大雨で多摩川が増水し、各地に甚大な被害が出た。川崎市内のタワーマンション群では、流れ込んだ泥水の影響で電気設備が停止。ライフラインが絶たれ、生活不能の状態に追い込まれた。高い防災機能を備えた建物の水害など、誰が予想しただろうか。これ以降、タワーマンションに暮らす私の知人は、水害の意識が高まり、備蓄品の管理も徹底し始めた。ついでに地震の備えも見直したそうだ。

競技スポーツとは関係ないが、私は選手にこの話をした。なぜか？

じつは選手たちは、日々、練習の場でこれと同じようなことを体験し、「痛い思い」をしているはずなのに、それに気づいていないからである。

たとえば、バレーボールのゲームでサーブがネットに当たってポトンと落ちるボールがある。たいていは「あっ」と声が出て動けずに終わる。そして当事者は「ごめんごめん」と軽く謝り、次のプレーに移っていく。確かにその一球は予想外の動きをしたのかもしれない。だが、ボールは落ちて1点を失ったのだ。もしもこれが大事な試合の最終場面で起きていたら、負けていたのである。

競技では、予想外はない。何が起こるかわからない世界なのだ。相手がしかけてくる奇襲もあれば、初めて遭遇するボールの動きもある。それにしつこく食らいつく、あるいは、平然と対処できるような全方位の備えをしておくのが一流のアスリートなのである。

私は理想論や根性論を語っているのではない。事実、「この一球を落とさない」「この一球は絶対に決める」という心構えで練習している選手と、「あ、ごめん」で終わらせる選手とでは、大学4年間でとんでもない差が開いていく。前者は試合のここ一番にも強い。後者は、大事な場面でも「あ、ごめん」をやらかすのである。

point

全方位の備えをする。「ムダ」とか「ムリ」の思考が進化を止める。

20

行動を積み重ねる

一つひとつの行動が成果をつくっていることがわかるか？

- 成果は、棚から落ちてくるものではない。
- 成果は、他人がプレゼントしてくれるものでもない。
- 成果は、自身が行動を積み重ねることでしか築けない。
- 成果は、自身でつかみ取るしかないのだ。

「何を当たり前のことをいっているの？」と思うかもしれない。

だが、本当に理解できているだろうか？

もしもあなたが「トップアスリートはもともとのできが違う。生まれもった才能だよ」と少しでも思うなら、その考えは今すぐにでも改めるべきだ。

成果を出しているトップアスリートは、日々細部にこだわりながら生活をしている。薄い紙を積み上げていくような日々を送り、頂点まで上り詰めたのである。

自己採点

点｜100点

2020東京オリンピック、ボクシング女子フェザー級で金メダルを獲得した入江聖奈《せな》選手は、次のように語っている。

「自分は、逆上がりも、うんていもできないような運動音痴なんですけど、毎日練習を頑張ったらオリンピックの舞台にいけた」と。

スケートボード女子パークで金メダルに輝いた四十住《よそずみ》さくら選手も、運動は苦手だったそうだ。だが、登校前に朝練をし、帰宅後には夜遅くまで練習をくり返したという。

「後悔しないぐらい練習してきた」「夢にスケートボードが出てこない日はない」という彼女の言葉は、成果は自身の行動の積み重ねであることを、何よりも強く語っている。

自己啓発の本などにはよく「努力すれば夢は叶う」ということが書かれている。しかし、現実主義の私は、この言葉には懐疑的だ。正しくいうならこうだろう。

努力しても夢は叶わないかもしれない。しかし努力しなければ、絶対に夢は叶わない。

そしてもう一つ！　**自分を信じるから努力でき、成長できるのだ**、と。

point

行動を積み重ねることでしか成果は出せない。

21

原因と結果を考える

本当に、そのワンプレーを大事にしているか？

かつて、サッカー元日本代表監督の岡田武史さんが「勝負の神は細部に宿る」といった。「小さなこと、細かいことをおろそかにすることで、大きな成果を逃してしまうことがある。だから、細かいこと一つひとつにこだわって物事に取り組むことが大切である」という意味である。スポーツの試合をテレビで観ていると、解説者はしばしば選手やチームの**「戦略」**について言及し、それが理由で**「勝った・負けた」**を分析する。

もちろん、戦略は競技スポーツの勝敗において、とても大きなウエイトを占める。

だが、どんなに素晴らしい戦略があったとしても、それを体現するのは選手である。選手自身の意識や思考が成熟していなければ、素晴らしい戦略も、「絵に描いた餅」になる。「勝負の神」がいるかどうかは、私にはわからない。しかし、競技スポーツには、「勝負の流れ」や「勢い」といったものがあるのは、確かだ。

自己採点

点 | 100点

そして、この「流れ」や「勢い」は、まるで神さまが怒ったり、そっぽを向いたりするかのごとく、突然変わったり、思いもよらぬところから現れたりする。

痛感するのは、「ちょっとしたこと」を怠ったために起こる流れの変化である。「たった1回ぐらいミスしても大丈夫」「俺一人くらいやらなくても大丈夫」「ちょっとくらい手を抜いても大丈夫」。こうした**ゆるみが、命取りになる**のだ。

事実、私のチームも、1本の単純なパスミスから、ほぼ決まりかけていた勝利を失ったことがある。「気のゆるみ」としかいえない1本のせいで、1年間積み上げてきた練習も戦略もムダになってしまったのだ。考えれば、当たり前の話だ。**相手も全力で戦っている**わけであり、たとえるなら綱引きが拮抗している状態。表面上は均衡を保っているように見えても、じつはどちらかに引かれており、**ゆるめば一気に流れが変わる**のである。

勝ち切るには、やはりディテールにこだわり、些細《ささい》なことにも手を抜かず、一つひとつのプレーを大事にするしかない。「勝負の神さまはいつも見ている」と思って間違いない。

point

「たった1回くらい」。そのゆるみを勝負の神は見逃さない。

22

考える努力をしつづける

プレーは体でするものと思っていないか？

自己採点
点｜100点

スポーツ一辺倒の人を指して**「脳みそまで筋肉な人」**と揶揄《やゆ》する言葉がある。スポーツばかりやって、ぜんぜん勉強していない人。運動は得意だが勉強は苦手な人。頭より体を使うほうが得意な人……。ほめ言葉ではない。まあ、ぶっちゃけバカにされているのだ。**「体育会系」**という言葉にも、同様なニュアンスが含まれているのかもしれない。

しかし、**これらスポーツマンに対する世間一般の認識は、断じて間違っている**と、私はいいたい。正直、世間のみなさんがいうような、「脳みそまで筋肉」なスポーツマンもいないわけではない。そこそこ……、いや、結構いる。

だが、一流アスリートはいつでも頭を働かせているものだ。さまざまなことを考え、それを実行に移し、ダメならなぜダメだったのか、次はどうすればいいのか、成果があればさらなる成果のために何をするべきかと、自問自答と試行錯誤をくり返している。

それは競技だけに留まらない。たとえば、プロ野球の指導者である日本ハムの栗山英樹監督は毎年、新人の入団時には渋沢栄一の『論語と算盤《そろばん》』など、何か本を手渡し、感想文を書かせていたと聞く。「野球だけになるな。広く社会から学べ」という想いからだろう。

逆にいえば、頭を使わない人間は一流の選手にはなれないということであり、一流の選手の頭の中には、「立派な脳みそ」がつまっているのである。

もちろん、何も考えないし、頭を使う努力もせずに「そこそこできてしまう」アスリートもいる。だが、そういうタイプは、やはり「そこそこうまい選手」どまりだ。私の指導者経験からいっても、これは間違いない。そこから頭一つ抜け出すには、体と同じくらい頭を働かせ、考える努力をしつづける。これしかないのだと思う。

競技スポーツは鍛えられた肉体の戦いだ。だが、その肉体は思考が動かすのである。

「脳みそ筋肉」おおいに結構。「俺の脳筋はガッチガチやで」と誇れるくらい頭を使ってみたらどうか。手始めに本を読む習慣をつけるとよい。あなたの競技能力も高まるはずだ。

point

体は頭が動かしている。頭を使わない者は勝利者にはなれない。

23

本を読む

インターネット、テレビ、本……どんな媒体からも学びを得ているか？

自己採点

点｜100点

私は高校生のとき、父から一冊の本を手渡された。松下幸之助さんの『道をひらく』（PHP研究所刊）だ。「経営の神さま」といわれる人の言葉は、高校生の私にも刺さった。以来、私はリーダーや何かを達成している人が書く本を読むようになった。**本からは多くの学びを得られると気づいた**のだ。

私の高校時代の恩師も読書家だった。馬場信親《のぶちか》先生という。バレーボールの強豪校だったが、じつは馬場先生からバレーを教えてもらったという印象は強くない。当時、体罰やスパルタ式の練習が当たり前の風潮の中で、馬場先生は「自主自立」のチーム運営をされていた。「おまえたちが勝ちたいのなら、おまえたちが考えて行動しろ。俺は、おまえたちが強くなる環境をつくるだけだ」という。ウソみたいな話だが、平日の練習には最後に少し顔を出すだけだ。だから自分たちで強くなるしかない。チームには「自分にも仲間にも妥協を許さない」雰囲気があった。このチームから何人もの全日本選手が育ち、指導者になった人も多い。「自分で考えて行動する」という教えが、それぞれの中で生きている。サッカー日本代表で長らくキャプテンを務めた長谷部誠選手も読書が好きだという。彼の著書『心を整える』（幻冬舎刊）より引用させていただきたい。

先人の知恵や同世代を生きる人の言葉からヒントを得る。それを自分に当てはめて自分の考えを掘り下げてみる。僕にとって読書は心を落ち着かせてくれると同時に、自分の考えを進化させてくれるものである。

テレビやインターネット、どんな媒体からも学びは得られる。多くの学生を見てきたが、本を読む学生に共通するのは**相手の話、言葉の真意を理解する力があること**だ。

また、**話す言葉に力がある。**考えを自分の言葉でまとめることができる。だから**仲間からの信頼も厚くなる。**本を一冊読み切るのは、確かに大変かもしれない。だが、本の内容だけでなく、「読書」という行為から得られる力はとても大きいと思っている。

point

本はその内容だけでなく、読むという行為からも力を得られる。

24

自分で責任を取りにいく

その行動に覚悟や責任をもっているか？

競技スポーツに取り組む人間には「覚悟」が必要だ。私はそう考えている。どんな覚悟か？　**自分のとった行動から出た結果をすべて背負う覚悟である。**

私のチームの恥ずかしい話を例に考えたい。「ツーメン」という練習がある。コーチ役の者がボールを打ち、コート内を二人で守るレシーブ練習だ。９ｍ×９ｍのコートを二人で守る練習だから、かなりハードだ。チームの中核選手がボールを打つ役をやっていた。だが、甘いボールを出しているのが目についた。私は練習を中断させた。そして、その選手に「なぜそんなに甘いボールを出しているのか？」と聞いた。彼は、平然と答えた。

「○○（レシーブする側の選手）が苦しそうだからです」

私は、彼を猛然と叱った。ふだんはしないが、あえて全員の前で罵倒したのである。

「この練習の意味がわかっているか？」

自己採点

点　100点

「苦しい状況下で、どうボールをコントロールするかという練習です」

「だよな。きつくても、息が上がるような状況でも、頑張ってやり切るための練習だろ。それなのに、どうしてあんなに甘い球を出すんだよ。試合の相手は甘い球をくれるのか！」

「……」

「おまえに覚悟がないんだよ！　チームのため、後輩たちのために自分が見本になるという覚悟だ。厳しくすれば反発をくらうかもしれない。だけど信念をもって、責任感をもって、覚悟をもって球出しをする。誰のため？　自分たちのためだろ。それだけじゃないよ。君たちはバレーと真剣に向き合う責任があるんだ。この環境を与えてくれる学校、支援してくれる親、合宿に呼んでくれる企業、小・中・高の人たち、関わりあるすべての人に対して責任があるんだよ。それが大学バレーなんだ。そういう責任を全部受け止める覚悟で部活に打ち込まないとダメなんだ。その覚悟がないならバレー部は解散したほうがいい」

選手たちにどこまで響いたかはわからない。だが、このあと少し変わったように思う。

＼point／

自分のため、チームのためと口ではみんないうが、本当にできているか。

25

自分の感情と向き合える

感情をありのままに爆発させてしまっていないか？

試合中の大事な場面で、緊張や不安、焦り、怒りの感情などが大きくなり、体を思った通りに動かせなくなった。あるいは、格下の相手で緊張がゆるみ、つまらないミスを連発した……。あなたにも、そんな経験があるだろう。

スポーツ中継では実況の人がよく、「○○選手、感情を爆発させています」という表現で選手の喜びを伝えることがある。しかし私は、「感情は諸刃《もろは》の剣」だと思っている。つまり、よい面と悪い面があり、使い方を間違えるとケガをする、ということである。

プレー中に感情が前面に出すぎると、パフォーマンスが下がることがある。喜びの感情はまあよい。雰囲気がよくなり、チームに勢いが出るからだ。だが、いつまでも喜びに浸っていると、足をすくわれる。「緊張の糸」が途切れてしまうからだ。

トップアスリートたちの共通点の一つに、「自分の感情と向き合うことがうまい」とい

自己採点

点　100点

うことが挙げられる。自分の感情をコントロールして、難局を切り抜けたり、雰囲気を盛り上げて勢いに乗ったりできるのである。

彼らはどのように「自分の心」をコントロールしているのだろうか?

たとえば、プロ野球中継をテレビで観ていると、「あ、この選手は打つな」とか「このピッチャーは打たれるな」と感じるときがあり、その予想が的中することがある。

私は予言者ではないが、彼らの心が見えるような気がするのだ。もちろん、心が見えるわけはない。だが、**心は表情や仕草、態度に表れている**と感じるのである。

21ページでも紹介したが、『気の呼吸』(サンマーク出版刊)という本を読んだ。心身統一合氣道会の藤平信一さんが書いた本だ。そこには「呼吸は心を表している」と書かれていた。感情が乱れれば呼吸も乱れるし、心が整っていれば呼吸も静かになるのだという。

本を読んで「なるほど!」と思った。私が、「打つな」と思ったバッターは、呼吸が静まっているように見えたのだ。反対に、「打たれるな」と思うピッチャーは、呼吸が乱れていたのだろう。私は知らず知らずのうちにそれを見て、「予言」をしたわけである。

この本によれば、そうした呼吸と感情の関係を逆手に取り、呼吸を静めれば、感情も静まってくると書かれていた。呼吸の方法などは、各自、本を読んで学んでほしい。とても気づきの多い本であり、アスリートのみなさんにはぜひ、ご一読をおすすめしたい。

もう一つ、感情のコントロールでいえば、『新インナーゲーム』(日刊スポーツ出版社刊／W・Tガルウェイ著、後藤新弥訳・構成)という本もおすすめだ。

もともとは1972年にアメリカで刊行され、日本では1976年に翻訳出版された本だ。45年もずっと読み継がれている名著で、副題には「心で勝つ！集中の科学」とある。

その本から私が学んだのは、時間は「過去・現在・未来」と流れるが、体は現在にあるということ。それなのに、心は、過去にこだわったり、未来の心配をしたり、あちこちに飛んでいってしまう。つまり、**体と心が離れて、それが集中を阻害する**のだという。

ここでは感情をコントロールすることの大切さについて話したが、それ以前に大事なのは、あなたが自分を変えたいと思うかどうかだ。

必要性を感じるなら、すべてが学びのタネになる。人の言葉、行動、本。よいものを積極的に自分の中に取り入れていくことで、今と未来は変わっていく。

＼point／

感情に支配されるな。あなたに合ったコントロール法を探そう。

2章

結果を出す食事習慣

26

「バランスのよい食事」を知る

「食事がプレーにもたらす影響」を自覚できているか？

自己採点

点｜100点

職業柄、私は一人暮らしの男子大学生と接する機会が多いため、食事の大切さや、食事が体に与える影響の大きさを痛感している。

ある年、やたらケガの多い選手がいた。擦り傷・切り傷ではなく、肉離れなどの筋肉系のトラブルだ。一生懸命にやっているからこそケガもするのだが、それにしても頻度が高い。

話を聞くと、食事がずいぶん偏っている。一人暮らしの男子にありがちな、炭水化物でお腹を満たすタイプである。私は、「肉や魚、野菜も摂るように」と伝えた。

すると、彼は栄養学の入門書を買って読み、食事のバランスに気をつけるようになった。傍から見ても筋肉量が増え、明らかに動きがよくなった。筋肉系のトラブルも減った。

私は栄養学の専門家ではない。また、体格や運動量などは、読者それぞれで状況が異なるため、本書では食事の細目については言及せず、「習慣」の観点からお話しする。

私が断言できるのは、**食事によって体調やパフォーマンスは確実に変化する**ということだ。これは机上の論理ではなく、現場で選手を見てきたうえでの経験則である。

あなたが確実にできるのは、「体調がいい・悪い」とか「疲れやすい・疲れにくい」「体が軽く感じる・動きが鈍い」などを、毎日よく観察することだ。そして、「体がすっきりしない」「体重の増減があった」などの**変化を感じたら、食事の内容を思い返す**。すると「野菜が不足していた」「間食が多かった」ということが見えてくる。反対に、**「最近すごく調子がいい」というときには、自分に合った食事バランスの傾向が見える。**

このように、**自分の体と対話しながら食事バランスを修正していくというのが基本**だ。

アスリートの中には、厚生労働省の「日本人の食事摂取基準」で各栄養素の1日の摂取量を確認したり、文部科学省の「食品データベース」を基に食材を決める人もいる。だが、これはハードルの高い話だろう。まずは、体と向き合い「食事の意識づくり」から始めるといい（次ページに、食事の意識づくりの「動機づけ」として、簡単な一覧を掲載した）。

point

体調の変化に敏感になり、食事との関係を見直してみる。

ここでは「背を伸ばす」という視点から7つの栄養素を取り上げた。ここに掲げた摂取量は一般的な推奨量で、運動量や体格に応じて、必要量も多くなる。各栄養素を多く含む食材とその含有量を記した。

【たんぱく質】成長ホルモンの分泌を促し、骨の成長に関与

1日の摂取基準（推奨量）

年齢	10〜11歳	12〜14歳	15〜17歳	18〜29歳
男	45g	60g	65g	65g
女	50g	55g	55g	50g

〈たんぱく質が豊富な食材〉

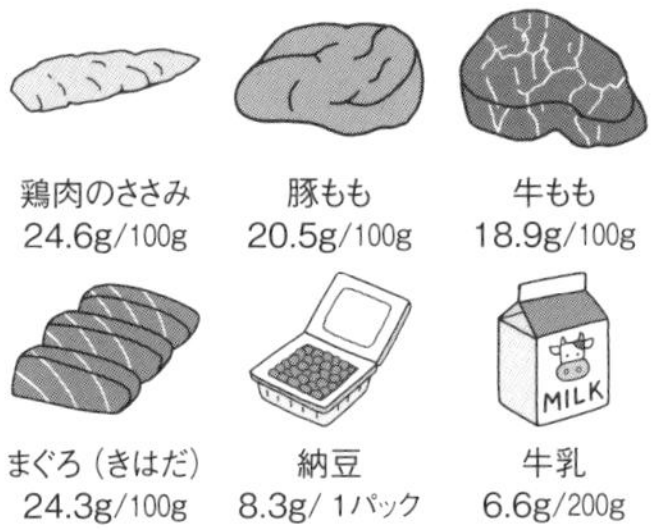

【カルシウム】骨の材料になる

1日の摂取基準（推奨量）

年齢	10〜11歳	12〜14歳	15〜17歳	18〜29歳
男	700mg	1000mg	800mg	800mg
女	750mg	800mg	650mg	650mg

〈カルシウムが豊富な食材〉

【マグネシウム】骨を修復・形成する骨芽細胞の働きを助ける

1日の摂取基準（推奨量）

年齢	10〜11歳	12〜14歳	15〜17歳	18〜29歳
男	210mg	290mg	360mg	340mg
女	220mg	290mg	310mg	270mg

〈マグネシウムが豊富な食材〉

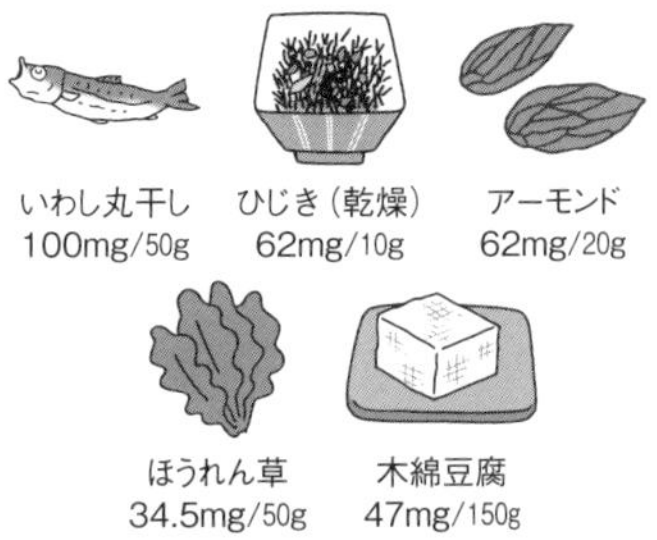

【亜鉛】成長ホルモンの造成に必要

1日の摂取基準（推奨量）

年齢	10〜11歳	12〜14歳	15〜17歳	18〜29歳
男	7mg	10mg	12mg	11mg
女	6mg	8mg	8mg	8mg

〈亜鉛が豊富な食材〉

たらこ
1.2mg/40g

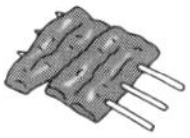

うなぎ
2.7mg/100g

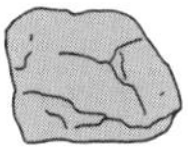

牛肩ロース
5.8mg/100g

【ビタミンD】カルシウムの吸収を助け、骨の成長を促す

1日の目安量

年齢	10〜11歳	12〜14歳	15〜17歳	18〜29歳
男	6.5μg	8.0μg	9.0μg	8.5μg
女	8.0μg	9.5μg	8.5μg	8.5μg

〈ビタミンDが豊富な食材〉

紅鮭
33μg/100g

しらす干し
18.3μg/30g

きくらげ
44μg/10g

【ビタミンK】骨芽細胞の働きを促し、カルシウムの溶出を防ぐ

1日の目安量

年齢	10〜11歳	12〜14歳	15〜17歳	18〜29歳
男	110μg	140μg	160μg	150μg
女	140μg	170μg	150μg	150μg

〈ビタミンKが豊富な食材〉

納豆
300μg/1パック

モロヘイヤ
225μg/50g

大根の葉
170μg/50g

【ビタミンC】軟骨などを構成するコラーゲンの合成に必要

1日の摂取基準（推奨量）

年齢	10〜11歳	12〜14歳	15〜17歳	18〜29歳
男	85mg	100mg	100mg	100mg
女	85mg	100mg	100mg	100mg

〈ビタミンCが豊富な食材〉

ブロッコリー
60mg/50g

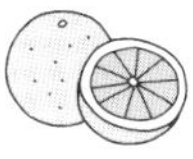

グレープフルーツ
54mg/1/2個

いちご
62mg/100g

＊参考文献『子どもの背こうしたら伸びた！』蔦宗浩二・監修（河出書房新社）
＊各栄養素の「1日の摂取基準」は厚生労働省「日本人の食事摂取基準」2020を参照
＊各食材の含有量は女子栄養大学出版部「食品成分表」を参考にした
＊ビタミンDとビタミンKは「目安量」を記した（目安量：推奨量を算定できない場合に使われる栄養状態の維持に十分な量のこと）
＊1mgは1000分の1g、1μg（マイクログラム）は100万分の1g

27

栄養素の重要性を知る

栄養素の役割を意識して食べているか？

自己採点

点｜100点

ここでは、スポーツのパフォーマンスに関わるビタミンの話を簡単にしておきたい。もちろん、この3つが「3大ビタミン」とか「これだけで大丈夫」という意味ではない。前ページの一覧と同様に、「食事の意識づくりのきっかけ」になればと思ってのことだ。

【糖質代謝の促進に関わるビタミン】……ビタミンB1

ごはんやパン、めん類などの糖質をエネルギーに変えるのに必要な栄養素。これが不足するとエネルギーの生産ができず、バテやすくなる。激しく体を動かすアスリートはより多くのビタミンB1が必要だ。「疲れやすい」と感じるときなどは、意識して摂るといい。

〈ビタミンB1を多く含む食品〉豚肉　うなぎ　玄米　小麦胚芽《はいが》　大豆　ナッツ類など

【すべてのエネルギー代謝に関わるビタミン】……ビタミンB2

ビタミンB群の一種で、脂肪を燃焼させ、エネルギー代謝や細胞の新陳代謝を促進する働きをする。健康な皮膚や髪、爪をつくるなど、発育や美容にも関わる。瞬発力のある体をつくるには、余分な脂肪は落とし、効率よく筋肉をつける必要がある。
〈ビタミンB_2を多く含む食品〉レバー、ぶり、モロヘイヤ、ほうれん草、納豆など

【たんぱく質の代謝に関わるビタミン】……ビタミンB_6

筋肉をつくるには筋肉の材料となるたんぱく質が不可欠だが、このときたんぱく質の代謝をサポートするのがビタミンB_6である。筋肉量を増やすなら、たんぱく質を摂るのと同時に、ビタミンB_6を摂取しなければ意味がない。
〈ビタミンB_6を多く含む食品〉にんにく　まぐろ　かつお　鶏肉など

以上はほんの一例だが、「自分の体をどうしたいのか？」「そのためにはどんな栄養素が必要か？」「その栄養素を含む食品は何か？」など、選手が**栄養と体の関係を意識して食事をするようになると、体だけでなく、動きも変わり始める。**

人間の細胞は本当に不思議だが、意識に大きく影響されると、私は考えている。

point

こだわりすぎる必要はないが、栄養素には興味をもってほしい。

28

食べることも大事だが「消化吸収」も重視しているか？

3食の役割を知る

自己採点

点｜100点

アスリートにとって、毎日きちんと3食とることは体づくりの基本中の基本である。一般の人よりも運動量が多く、たくさんのエネルギーと栄養を消費しているアスリートが欠食すると、エネルギーも栄養も不足する恐れがあるからだ。

何より、体づくりは一朝一夕の一夜漬けでできるものではない。試合の1週間前から慌てて朝ご飯を食べ始めたところで、それが勝ちにつながるとは考えにくいのである。

一人暮らしの大学生にありがちなのが、朝食を抜いて、昼食を多めにとるという食習慣だ。エネルギー量と栄養成分量的には、問題なさそうに思えるが、じつは、これは正しいとはいえない。**3食の食事には、それぞれに異なる役割がある**からだ。簡単に説明しよう。

【朝食】 主な役割はエネルギーの補給

私たちの体は、睡眠中でも基礎代謝によってエネルギーが消費されている。しかも朝は、前日の夕食からずいぶん時間がたっている分、体内のエネルギーや水分の不足が大きい。朝食はその分のエネルギーや水分を補給するという役割をもっており、朝食で摂取したエネルギーと栄養素を使って、脳と体が活発に動き出すのである。

【昼食】午後の活動に必要なエネルギー、栄養素、水分の補給

空腹状態がつづいた状態で食事をすると、体が過剰に反応し、脂肪を吸収しやすくなる。朝食と夕食の間に昼食を挟むことで、これを防止する役割も果たしている。

【夕食】体の修復と成長に必要なエネルギーと栄養素の補給

睡眠中は成長ホルモンによって、細胞の成長促進や傷ついた細胞の修復が行われる。夕食は、この活動に必要なエネルギーと栄養素を補うための、大切な食事である。

３食の役割を無視して一度に大食いをしたり、早食いをしたりすれば、胃腸は悲鳴を上げる。消化や吸収が阻害され、十分なエネルギーが得られなくなる。**食べたものを効率よく体の一部にしたいなら、３食の意味を理解したうえで、１食ずつ丁寧に食べることだ。**

point

３食それぞれの役割を考えながら食べよう。

29

好き嫌いをしない

最高のパフォーマンスをするために食事を考えているか？

自己採点

点｜100点

テニスのジョコビッチ選手が、自著『ジョコビッチの生まれ変わる食事』（三五館刊）で紹介した「グルテンフリー」は、グルテンにアレルギーをもつ人々の間から、一般にも広がった。今ではその健康効果を期待して、日本でも実践している人が増えている。

ジョコビッチ選手の場合はグルテン不耐症ということもあって、グルテンフリーの効果が劇的に表れたが、きちんと勉強せずにグルテンフリーを行うと、小麦を使った食品を完全に排除するため、栄養バランスの偏りを招く恐れがある。

だから、「○○を完全に排除した食事」とか「○○しか食べない」といった、**偏った食事は、簡単にやるものではない**と、私は思っている。事実、多くの学生を見て実感するのは、**偏食の学生は圧倒的に体調を崩しやすい**ということ。風邪などをひきやすいのである。

こういうと、「でも、ジョコビッチもいうて偏食ですよね」などと反論する者がいる。

だがそれを根拠に「偏食でも成功できる」と考えるのは、やはり軽率だ。

ジョコビッチは優秀な栄養学者のもとで熱心に栄養と人体の関係について学んでいる。私は彼の本を読み「世界一のアスリートはここまでするのか」と感銘を受けた。10年以上も世界のトップに立ち、今なお数時間の試合を制せるのは、この体があるからなのだ。

前出のジョコビッチの本から、彼の言葉を引用させていただく。

あなたが摂取するすべての食べ物は、何らかの形で肉体に変化をもたらす。体に語りかけ、影響をもたらし、指示を出す。このコミュニケーションに意識が向くようになり、求める結果に近づけるよう学んでいくと、肉体と心理に最高の結果をもたらすことができる。

多くの人は「何を食べるか」は気にする。だが、アスリートは「いつ」「どのようにして食べるか」、そして「その結果どうなったか」を含めて体と向き合っていくことが大事なのだ。**何も考えずに偏った食事をしているようでは、最高の力を発揮できるはずがない。**

point

最高のパフォーマンスを発揮するための食事を考える。

30

練習がきつくてもしっかり食べている？

カルシウムの役割を知る

私は栄養素に優劣をつけるつもりはなく、「食事はバランスよく食べる」というのをモットーにしているのだが、ここでは「カルシウム」にスポットを当ててお話ししたい。

カルシウムは、現代の日本人に不足している栄養素の代表といわれる。食の欧米化によりカルシウムを多く含む小魚を食べる機会が減ったこと、日本の国土がカルシウム含有量の少ない火山灰地であり、飲み水や野菜に含まれるカルシウムが少ないこと、そして、そもそもカルシウムは体内への吸収率が悪いことなどが、その原因と考えられている。

さて、話は変わるが、血液中に含まれる微量のカルシウムには、神経の興奮を抑える働きがあるといわれる。**ストレスへの対処にカルシウムが使われる**のである。

この本の編集者が興味深い話を教えてくれた。以前、Vリーグのあるチームの19名に、「身長に関するアンケート」をしたところ、「小学校のときに全国大会に出場した10名」と「出

自己採点
点 ／ 100点

場していない9名」では、平均身長がおよそ10cmも違っていたというのだ。

「全国大会に出場した10名のほうが高いのですか?」と聞くと、「違う」という。

「全国大会に出ていない選手のほうが高いんです! 調査数が少ないので偶然かもしれないけど、ストレスが関係しているのかも。だって、小学生で全国大会に出るような子は、そのあとも強豪校に進むでしょ。**常に勝負のストレスにさらされ、練習も厳しい。このため、心を安定させるためにカルシウムが使われて、背が伸びなくなったのではないか?」**

あり得ない話ではない。私の身長は190cmだが、成長期はストレスと無縁で、十分に睡眠をとり、のびのびと過ごしていた。おかげでスクスク伸びた、とも考えられるのだ。大きければいい、とはいわない。だが、**やはり成長期の子どもは「健康的に体を育てる」という発想が必要**だと思う。牛乳、チーズ、小魚、大豆製品、緑黄色野菜などカルシウムを多く含む食品とともに、いわし、鮭、しいたけ、きくらげなど、その吸収を助けるビタミンDを多く含む食品も摂る。つまり、バランスよく食べることが大事なのである。

point

成長期には、やはりバランスよく食べることが大切。

31

食事によりコンディションをつくる

食事によるコンディションの変化をしっかり把握できているか？

私のうちの冷蔵庫や、大学の研究室の冷蔵庫には、いつも豆乳が入っている。豆乳の原料である大豆に多く含まれるレシチンは、脳細胞や神経細胞に働く物質で、記憶力や学習能力を高める効果、アルツハイマー病や認知症を予防する効果、動脈硬化を予防する効果など、さまざまな健康効果が確認されている。

実際、豆乳を飲むと、頭の回転が間違いなくいい。コンディションもいい。それを実感しているから、私は豆乳を飲むのだ。

私たちの体は食べたものでできている――。

これまでくり返して話しているが、アスリートのみなさんが本当にこれをわかっているかは疑問だ。なぜなら、うちの部員にも、おかしな食事をしている者がいるからである。

ソフトバンクホークスの工藤公康監督は、30年間も第一線で現役をつづけた人だ。食事

自己採点

点｜100点

に関してもストイックなイメージがある。その工藤さんが自著でこんな話をされている。

結婚した当初は体がボロボロで、試合が終わっても疲労が取れない、筋肉が回復しない、練習で走ってもすぐに疲れるといった状態だった。酒と寝不足が原因で、弱った肝臓が悲鳴を上げていた。そんな僕の肉体改造と体質改善をするために、食生活の管理に取り組んでくれたのがうちの嫁さんだった。（『折れない心を支える言葉』幻冬舎刊）

こう話すと「だから学生のうちはどうでもいいんだ」と開き直るかもしれない。だが、食事が体をつくることは、年齢を問わない。**10代のうちから食事に気をつければ、**工藤さんのように**長期間活躍できるスーパーアスリートの体ができる**といいたいのである。

- いつ、何を食べたか？
- その食事にはどんな効果や作用があるのか？
- 食後、体にどんな変化があったか？

自らの体と対話しながら食事をすれば、体の変化にいち早く気づけるはずだ。

point

アスリートの食事は腹を満たすためではなく、快調に動くためのもの。

32

たんぱく質とプロテインを考える

「とにかくプロテインさえ飲めば大丈夫」と思っていないか？

自己採点

点｜100点

私たちの体は、約60％の水分と、約20％のたんぱく質、残りの約20％が脂質・糖質・ミネラルなどでできているといわれる。

たとえば、一般的な体重50kgの女性なら、水分が30kg、たんぱく質が10kg、脂質・糖質・ミネラルが10kgということになる。

たんぱく質は、筋肉や内臓、肌、髪の毛、血液などの主成分であり、筋肉は水分を抜いたら約80％がたんぱく質からできている。アスリートにとってたんぱく質は、なくてはならない栄養素だ。これはもはや、アスリートにとって、常識中の常識だ。

このためだろう。たんぱく質を効率的に摂取できる「プロテイン」を、日常的に飲んでいるアスリートは多い。

私のチームでも、空き時間にトレーニングするような意識の高い選手などは、「トレーニングをしたらたんぱく質を摂らないと」といって、プロテインを飲んでいる。

確かにプロテインは手軽に必要量を摂取できる優秀な栄養補助食品だ。たんぱく質が足りない人は、積極的に利用すればいいいと思う。

ただ、ひと言だけいわせてほしい。**それ、本当に必要ですか？**

たんぱく質の1日の必要摂取量は、「体重1kg当たり1g程度」といわれる。

体重50kgの人の場合なら「50g」だ。だが、これは一般的な人の場合だ。

アスリートの体は、筋肉の分解が多いため、より多くのたんぱく質を必要とする。「体重1kg当たり1・5～2・3g程度」が目安だ。体重50kgの人なら75～115gだ。

まずは、こうしたことを踏まえておく必要がある。

さらに、自分がどれくらいの量のたんぱく質を摂取しているかを、知る必要もある。

なぜなら、過度に摂取しても意味がないからだ。

そもそも、プロテインは栄養補助食品であり、「食事では補いきれない分のたんぱく質をプロテインで補う」というためのものだ。「飲めばいいい」というものではないのだ。

そこで、「実際の摂取量」をざっくり計算してみよう。以下は、その一例だ。


鶏ももチキンステーキ（200g）に含まれるたんぱく質は「**37g**」。

ごはん茶碗1杯（200g）には「**5g**」。**納豆**1パック（50g）には「**8g**」。

ここにサラダが加わるなどして、おおよそ1回の食事はこんな感じだろう。

たんぱく質の合計は「**50g強**」となる。

ここに「たんぱく質含有量75%」の**プロテイン**を1杯（25g）飲むと「**約19g**」。

合計で、**70g近いたんぱく質量**を摂っていることになるのだ。


さて、この量は適正なのか？

仮に1日に3食、同程度の食事をすると、1日のたんぱく質摂取量は「210g」だ。

体重50kgのアスリートの場合は、「75～115g」が目安なので、かなり多い。

しかも、じつは体には、1回に処理できる限界量がある。それは一般の人で「40g程度」といわれている。それを超えて摂取しても、排泄されたり、脂肪に変換されたりして、ムダになってしまう。それどころか、内臓への大きな負担になる可能性さえあるのだ。

もちろん、個人差はあり、必要量や処理できる量はさまざまだ。

だからこそ、**自分の体と対話しながら食事をする**ということが重要になるのだ。計算した数字も大事だが、**自分の感覚が大切**になるのである。「体が欲しているのか？」「摂取したときにどうなのか？」と、体の声を聞きながら摂取するのが、最善の策なのである。

余談だが、2021年8月30日の読売新聞に、「早稲田大学の柴田重信教授らの研究チームが、朝にたんぱく質を多く含む食事を摂ることが、筋肉増加に効果的であることを、マウス実験で確認したと発表した」という記事が載った。

いっぽう、「65歳以上の女性60人を対象とした観察研究でも、朝食でたんぱく質を多く摂っている人のほうが筋肉量は多く、握力が強い傾向が見られた」とも報告されていた。

この記事を見て、「今後は選手たちにも『朝たんぱく』をすすめてみようか」と思った。

もしも実践して、その効果を実感された人がいたら、教えてほしい。

point

プロテインを飲む前に、あなたのたんぱく質摂取量を把握してみよう。

33

エネルギーを十分に摂る

動きに見合ったエネルギー量をしっかり食べているか？

自己採点

点 | 100点

エネルギーは、体を動かす、食物を消化する、脳を働かせるなど、生きるための活動源だ。

数年前、北アルプスで遭難し、1週間後に発見され、奇跡の生還を果たした男性がいた。彼の命を救ったのは、沢の水と、チョコレートだった。チョコレートはご存じの通り高カロリーで、板チョコ1枚（50g）が約300kcalある。遭難した男性は、これを小分けにして食べ、生きて活動するためのエネルギーを保っていた。

このように、エネルギーは生命に関わる重要なものだ。だが、昨今では、過剰摂取が肥満につながるため、「カロリーは低ければ低いほどいい」という風潮もある。

体の状態は一律ではない。体型も違えば、活動量も違う。当然、必要なエネルギー量にも個人差がある。厚生労働省は、年代別、身体活動レベル別に「1日の推定エネルギー必要量」を出しているが、アスリートは「高い」が適している場合が多い。

point

エネルギーの過多・不足を感じられない者は、アスリートとは呼べない。

1日の推定エネルギー必要量（kcal）

性別	男性			女性		
身体活動レベル	低い	ふつう	高い	低い	ふつう	高い
10～11歳	1,950	2,250	2,500	1,850	2,100	2,360
12～14歳	2,300	2,600	2,900	2,150	2,400	2,700
15～17歳	2,500	2,800	3,150	2,050	2,300	2,550
18～29歳	2,300	2,650	3,050	1,700	2,000	2,300

厚生労働省「日本人の食事摂取基準」（2020年）をもとに作成

筋肉量の多いアスリートは消費されるエネルギー量が多い。このため、しっかり食べているつもりでも、エネルギー不足になっていることがある。何度も恐縮だが、だからこそ、アスリートは自分の体と対話しながら食事をすることが大切だ。**研ぎ澄まされた体感覚を磨くべきなのである。低エネルギー状態がつづくとパフォーマンスの低下**だけでなく、疲労骨折や発育・発達異常、貧血、胃腸障害、女性の無月経など、障害の起因となる。

事実、不調の選手の原因を探ると「エネルギー不足」、あるいは「エネルギー過多」のことがよくあるのだ。自分の運動量や筋肉量に適したエネルギーを摂取することは、アスリートの基本中の基本である。

34

嗜好品を避ける

炭酸飲料はやはり我慢すべきなのか?

嗜好品《しこうひん》とは、具体的には、酒、茶、コーヒー、タバコなどが挙げられる。お酒とタバコの健康被害については、今さらここでお話しするまでもない。お茶やコーヒーについては「アスリートにとってカフェインはどうなのか?」と心配する人もいるだろう。国際スポーツ栄養学会は、会誌『J Int Soc Sports Nutr』の中で、次のような見解を示している。「多くの研究において、カフェイン摂取はスポーツパフォーマンスを高めることが示されている」と。しかしそれは、カフェイン摂取量や、摂取のタイミング、何からカフェインを摂取するか、また競技によっても効果は異なるということなので、詳細は割愛する。

ここでは、質問の多い「炭酸飲料」について、私の思うところを述べようと思う。

「子どもの部活の指導者から、炭酸飲料を禁止されましたが、どうしてなのでしょう?

自己採点

点｜100点

炭酸は体に悪いのですか？　プレーの動きが悪くなったりするのですか？」

というような質問を受けることがよくある。私の見解は、次のようなものだ。

・炭酸飲料は炭酸が悪いのではなくて、そこに含まれる大量の人工的な糖分がよくない

・炭酸でお腹がふくらみ、食事がしっかりとれなくなる

これをデメリットと考えているわけだ。

ときどき、「炭酸を飲むと骨が弱くなる」という説を信じている人もいるようだが、さすがにそれはないと考えている。事実、**サッカー・イタリア代表のオフィシャルウォーターとして認められた炭酸水もあるし、炭酸には疲労回復の効果があるともいわれている。**

また、「好きなものを我慢して、願望を達成する」という精神論もあるのだろうが、それも本当に効果があるかはわからない。よく、中学や高校の部活で耳にする、「恋愛禁止」に近い感覚なのだろう。恋愛すると、よけいなことを考え、プレーがおろそかになるというのだが、本当にそうなのか？　恋愛することで張り切る人もいる。個人差があると思うのだが、違うのだろうか？

さて、話を飲み物に戻そう。一般的に清涼飲料水（ジュース）には多くの砂糖が含まれている。たとえば、ある炭酸ジュースには１５０ml あたり40ｇもの砂糖が含まれる。ＷＨ

O（世界保健機関）では「成人の1日あたりの砂糖摂取量は25g程度までが望ましい」としているため、ジュースを飲むことで、砂糖を過剰摂取した状態になる可能性も高い。

精製された砂糖が大量に体内に取り込まれると、血糖値は大きく上昇する。すると、体はそれを打ち消す反応をするため、血糖値は低く落ち込み「低血糖症」になる。その典型的な症状は、強い空腹感、冷や汗やふるえ、動悸《どうき》、眼のかすみや眠気（生あくび）などだ。また、清涼飲料水に含まれる「人工甘味料」の問題も考えなければならない。一部には、脳神経異常、発ガン性（脳腫瘍）、体重減少、脳内伝達物質に異常、脳障害など、多岐にわたって有毒性が確認されているものもあるからだ。

私は炭酸飲料を飲まないが、炭酸好きに聞くと、「練習後に飲む炭酸飲料はサイコー！」なのだとか。糖分を考えると、がぶ飲みはNGだが、適量の炭酸飲料は、心に充足感を与えてくれる部分もあるのかもしれない。いずれにしても、飲みすぎには注意すること、毎日のように飲むのはよくないことを踏まえた付き合い方が必要だろう。

point

好きなものも節度をもって付き合う。

3章

結果を出す思考習慣

35

目標を明確にもっている

目標実現までの具体的な道筋をイメージしているか？

投手と打者の「二刀流」プレーヤーとして、数々の記録を打ち立てている大谷翔平選手は高校3年生の夏、時速160㎞の投球を実現し、その名を一気に知らしめた。

大谷選手を指導する花巻東高校の佐々木洋監督は、次のように語っている。

「大谷は、ボールを投げていたらたまたま160㎞が出たのではなく、160㎞を投げようと思って出した」

「160㎞」というのは、当時の大谷選手の目標の一つだった。この目標を達成するために、「体重増加」「下肢の強化」「肩回りの強化」といった課題を掲げ、日々トレーニングをしてきたのである。「出るべくして出た160㎞」というわけだ。

このように、**目標は明確に、具体的に掲げるといい。**

もしも大谷選手の目標が、「もっと速いボールを投げる」というような、ぼんやりした

自己採点

点｜100点

目標だったとしたら、あの年、160kmを出すことができただろうか？
以前、学生に目標を聞くと、「自分を高めたい」という答えが返ってきたことがあった。
私「自分を高めるって、どんなふうに高めたいの？」
選手「サーブレシーブがうまくなりたいと思います」
私「君の思う『うまいサーブレシーブ』ってどんなの？」
選手「自分は今、100kmのサーブは捕れるけど、110kmになるとミスするので、それくらいのサーブでも正確にセッターに返せることです」
私「だったら君の目標はそこでしょ？　もちろん『自分を高める』が悪いのではない。でも、それでは目標が曖昧で、何をしたらいいのかわからない。だけど『110kmのサーブを正確に返す』が目標なら、達成するための具体的な練習方法が見えてくるだろ？」
目標が明確なら、日々の課題も鮮明になる。課題を掲げ、期日を設定して取り組めば、意欲も上がる。つまり、より明確な目標を設定することが、実現への近道なのである。

point

目標とその実現に向けた課題は明確にする。

36

二つの目標をもつ

「高い目標」と「日々の目標」。両方をもちつづけているか？

私たちのチームは毎年「インカレ優勝」「リーグ優勝」を目標に掲げて活動している。所属する関東大学1部リーグは、トップアスリートが集う場だ。本音をいうと、「今年はムリだろうな」と思う年もある。だが、**それでも高い目標を掲げるのには意味がある。**

低い目標、たとえば「1部リーグ残留」くらいを目標にしていたら、「そこまでやらなくていいや」「このくらいでいいや」という妥協が生まれてしまうのだ。

日々の練習はMAXでなく95%くらいになる。気を抜く、力を抜くという意識はなくても、**どこかにゆるみが出る。**結果的に、1部リーグ残留も危うくなるのである。

目標を高くもてば、行動指針が変わってくる。「こんなんじゃ優勝なんて到底ムリだ」「優勝するにはこんな練習が必要だ」と、日々、突き詰めていくことになる。結果、当初の目標は達成できなくても、個々の力やチーム力は確実に上がる。翌年につながるのだ。

自己採点

点｜100点

つまり、**低い目標は引き算となり、高い目標は足し算となる**のである。

しかし、高い目標にはデメリットもある。「あれだけ頑張っても到達できなかった」。その次の大会も、またその次も……と挫折がつづくと、「自分たちには力がない」「努力なんて意味がない」と、やる気と自信がどんどん奪われていくことになるのだ。

それを防ぐには、大きな目標にリンクした「小さな目標」も、併せてもつことだ。

たとえば、**チームの目標を「大きな目標」とするなら、それを達成するために必要な「自分個人の目標」をいくつか定めてみるとよい。または、個人種目での成績や記録を「大きな目標」とするなら、その達成に必要な「技術面の目標」などを明確にすることだ。**

たとえ目標に届かなくても、「小さな目標」を一つでも二つでも達成できたとき、それは「小さな達成感」や「自己肯定感」となり、自身の人間的な成長を確認できるはずだ。

私が学生を見ていて思うのは、「人間性はその年の戦績が決めるのではない」ということだ。目標に対しいかに取り組んだか。それが卒業後の人生にも生きてくる。

point

あなたの大きな目標は何か？　達成するために、日々、何をしているか？

37

意識のもち方と保ち方を知る

その世界のトップに立つ覚悟はあるか？

ここでは「トップの覚悟」という話をしたい。私は選手たちに、よくこんな話をする。「ただ楽しくバレーをしたいなら、サークルでもつくって活動すればいい。ストレスもないし、面白おかしくバレーができるぞ。どっちがいい悪いじゃない。価値観の問題だ」

私たちのチームは関東大学リーグの1部で戦っている。「1部リーグ」が存在する意義の一つとして、「日本のバレーボールの強化」が挙げられる。

大学の1部リーグは、「好きだから参加します」という世界ではない。トップ選手はVリーグにいってバレーを仕事とし、Vリーグ選手はナショナルチームに上がって「NIPPON」を背負う可能性がある。その土台をつくるのが1部リーグの役目なのだ。

このような環境に身を置くからには、「バレー界を担う」という覚悟が必要なのである。

私はそういう覚悟で選手に向き合っている。そうでなければ、各カテゴリーの選手や指導

自己採点	
点	100点

者に顔向けができないし、バレー界、スポーツ界、大学への背信行為だと考えている。

ところが、選手の中には「人よりちょっとできるから、大学でもつづけてます」みたいな選手がいる。申し訳ないが、こういった学生はチームに合っていない人材といえる。

バレーボールに限った話ではない。大学のトップチームは、高校まで競技を頑張り、よい戦績や高い能力を得て、推薦されて入ってくる選手が多い。それを「一丁上がり」のようにとらえ、「俺の将来は前途洋洋だ」などと思う者がいたら、考え違いも甚だしい。

そんな人間ほど、不祥事を起こす、学業不振で学校を去るなどの大間違いを犯すのだ。

あなたの競技にはどれだけの人が関係しているのか？　あなたがそこにいる裏にはどんな人の、どんな思いがあるのか？　そもそも幸運が重なっただけではないのか？　**そうしたことを考え、すべて受け止めたうえでなら、自分の世界を全うできるだろう。**

だが、その覚悟がもてないなら、大学での競技スポーツなんてやめたほうがいい。厳しいようだが、つづけていてもトップには立てないし、周りに迷惑をかけるだけだと思う。

point

自分のいる世界、自分の置かれた環境を大きな視点でとらえてみよう。

38

保険を掛けない思考法をもつ

「もし○○なら」ではなく「絶対に○○する」と考えているか？

「保険を掛ける」というのは、「できない」ことを前提にした考え方だ。「もしも勝てなかったら」「もしも記録が伸びなかったら」「もしも失敗したら」……。スポーツでも仕事でも、何かをやり切れる人は、「やるにはどうする？」を先に考える。「やれなかったらどうしよう？」を先に考えるのは、思考の方向が全然違う。

確かに、「やろう」としても、できないことはある。「絶対勝つ」と思っても、勝てないことはある。だが、それは結果論。やる前から「できない」を前提にしていたら、できるものもできなくなってしまう。

日本の指導者には、「不安に思ったら負けだ！」という根性論を説く人がいる。だが、私がここで話していることは少しニュアンスが違う。「できなかったとき、負けたときの言い訳を、やる前から考えるような小賢《こざか》しいことはするな」といいたいのである。

自己採点

点｜100点

学生と話す中で、とても気になる言葉がある。それは、私が何かを提案したときに返ってくる**「やってみます」という返事**だ。

「やってみます」という短いひと言の中には、いろいろな言い訳がつまっている。

「とりあえず、やってみます」「難しいけど、やってみます」「失敗するかもしれないけど、やってみます」「できるだけのことは、やってみます」「やるだけやってみます」……。

「やってみます」といった時点で、「やり切ろう！」という発想はないのだ。

案の定、できなかったときには、「やっぱりできませんでした」という。（最初からムリだと思っていましたけどね）という心が透けて見える。

こういう選手によく見られる傾向が、目標や課題を自分が達成できるギリギリのところに置く、というものだ。最初から保険を掛けるために、心にも体にもブレーキが掛かる。このため伸びない。すごい能力をもっている選手も多く、本当にもったいないと思う。本人が気づき、変わるしかないのだ。

point

あなたはどうだろう？　保険を掛けてせっかくの能力を抑えていないか？

39

リーダーとは何かを知る

あなたはリーダーになろうとしているか？

チームスポーツの選手なら、誰もがリーダーの素養をもつべきだと思っている。「リーダーの素養」の一つとして、よく「チームファーストの思考」が挙げられる。平たくいうと**「チームのために何ができるのか」**という思考をもつ、ということである。レギュラーであろうと控え選手であろうと関係ない。上級生か下級生かも問わない。チームの一員として、「チームをどうしたいか？」「どう成長させたいか？」「そのために自分は何をすべきか？」という意識をもつことが、チームファーストの思考である。

具体的に何をするかは、本人のキャラクターやチームの状況による。たとえば、「明るい雰囲気をつくる」でもいいし、「後輩を育てる」でもいい。「常に全力でプレーする」や「みんなの考えを指導者に伝える」というのもいいだろう。

「この部分でチームに貢献している」と、胸を張っていえるリーダーシップをもつ、ある

自己採点	
点	100点

いは育てることが、チーム内での自分の存在価値を高めることにもなるのだと思う。

そして、選手全員が、そういうリーダーシップをもったとき、素晴らしい組織が出来上がるはずだ。私は、それがチームスポーツのゴールなのではないか、と考えている。

そうなれば「チャンピオン」という結果も、自ずとついてくるだろう。

話を冒頭の「リーダーの素養」に戻したい。リーダーの素養とはなんだろう？

「チームファーストの思考」も必要だが、私は次の3つが大切だと考えている。

□あきらめないこと
□常に前向きに行動し、前向きな発言をすること
□人の話、人の心に耳を傾けること

この3つなら、誰もができる。つまり、誰もがリーダーになれると思うのだ。

ちなみに、「監督」という立場では、私はこれに加え、「ここぞ！　というときに、判断と決断ができる」ということを心がけている。

point

リーダーは「向くか向かないか」ではなく、「なろうとするかしないか」だ。

40

積極性をもっている

積極的に行動を起こすことに躊躇していないか？

自己採点
点｜100点

世界で活躍するようなトップアスリートは、自分を高めるための努力を惜しまなかった人たちである。これは断言できる。

何に対しても前向きで、チャレンジ精神をもって突き進んできた。苦手なことにも積極的に取り組み、克服してきた。きつい練習も逃げずにやってきた。だからこそ、トップという地位を手に入れることができたのである。あなたはどうだろうか？

きついこと、厳しいこと、つらいことに、消極的になってはいないだろうか。

できないこと、苦手なことに、消極的になってはいないだろうか。

「面倒」「不安」「失敗したくない」と、チャレンジに消極的になってはいないだろうか。

もしもそんなふうに、消極的な自分を感じたときは、信念や目標を思い返してみてほしい。

そして、消極的な自分に喝を入れるのだ。

「自分の目標はインカレ優勝じゃなかったのか？　目標が見えなくなっていないか？」と。

どんなに強いアスリートも弱い面をもっている。そして、日々、そういう弱い自分と闘っている。「もう、いいんじゃない？　いや、まだまだできる」。そのくり返しなのだ。

弱い自分と向き合っても、めげずに、自分を鼓舞しつづけて、自分を高める努力を惜しまなかった人間が、一流のアスリートになっていくのである。

負けそうになる、逃げそうになる自分を踏みとどまらせるための最善策がある。

それは、**何事にも積極的に取り組む、と決めてしまう**ことだ。たとえば、きつい練習では真っ先にやる、難易度の高い課題にも「よっしゃあ」と意気込む、練習会場に一番乗りする……。積極的に取り組むと決めたのだから、それを行うのだ。すると面白いことが起こる。周囲も影響を受けて変わり始めるのだ。全体がレベルアップした中で、さらに高みを目指す。そこでも、**再び弱い自分が出てくるが、それでも積極的に取り組みつづける。**

すると、周囲を巻き込んで、いつの間にか、けた違いのレベルまで到達するのである。

point

心がくじけそうなときは、行動を起こしてみる。

41

自分に自信がある

自分に自信をもっているか？その自信はどこから来るか？

私のチームには、中学や高校で全国大会の上位に入った選手が少なからずいる。彼らはヘンな自信をもっていることが多い。「ヘンな」と、あえていうのにはワケがある。それは、彼らの自信が「絶対的」ではないからだ。

もちろん、選手の悪口をいっているつもりはない。私は、彼らに「ちゃんとした自信」をつけて、社会に出ていってほしいと思っているのである。

「君は、どんな自信がある？」と、私はおかしな質問をしてみることがある。すると「サーブだけは自信があります」とか「ブロックの高さです」などという答えが返ってくる。

「自信」とは、文字通り「自分を信じる」だ。**自身がもっている能力を適切に発揮できる能力を獲得してこそ、本当の自信をもつことにつながる**のだと思う。

こうした**「本当の自信」を身につけることができれば、どんな状況に置かれても、自分**

自己採点

点｜100点

を信じることができるのではないか。わかりやすくいえば、バレーをやめたあと、サーブの強さやブロックの高さは、あなたを支えてくれる自信にはならない、ということだ。

　では、**どうしたら本当の自信をもつことができるのか？**

　それは、**「結果」を意識して「過程」を見ること**である。「全国大会で優勝した」という「結果」ではなく、日々の努力を惜しまなかったこと、困難から逃げずに立ち向かい乗り越えたことなど、「過程」にフォーカスするのである。

　過程へのフォーカスは、より詳細なほうがよい。ただ「頑張った」ではなく、「どういうふうに行ったのか」「なぜそうしたのか」「その結果どうなったか」にまで着目し、分析する。**そのときの思考や行動を応用すれば、競技以外の世界でも通用する人間になれる。**

　自分には自信がない、自信がほしいという人は、「今日はこれを頑張ったノート」がおすすめだ。毎日一つ、頑張ったことを書く。「なぜそうしたのか、その結果どうなったのか」も併せて書くといい。簡単な日記だが、自信を得るには有効な方法だ。

point

結果への自信ではなく、その過程を考えてみる。

42

前向きなマインドをもつ

勝負のあとで、次にどうするかをしっかり考えられるか？

2020東京オリンピック、体操男子種目別あん馬で銅メダルを獲得した萱和磨《かや》選手は、「今日の銅メダルが（次回の五輪）パリに向けてのスタートの銅メダルだと思っています」と語った。また、準々決勝で敗退したテニスの錦織圭選手は、負けた悔しさをにじませ、「よい試合はいくつかできたので、収穫は大きい」と語っている。

一流のアスリートは、常に前向きである。

前向きというのは、ただ明るいとか、楽観的、積極的、肯定的というだけではない。**物事や経験を、なんでも自分にとってプラスにとらえることができ、どんどん成長していけることをいう**のだと思う。

アスリートは、「勝ち・負け」のはっきりした世界にいる。そのため、厳しい世界ではあるが、その分、さまざまなことが明瞭になりやすい。

自己採点

点 ／ 100点

負けたのなら、何が悪かったのかを分析する。それを受け止めて、改善策を講じ、実際に行動してみる。その途中で、何かうまくいかないことや失敗があったときも同じだ。勝ったときも同じだ。何がよかったかを分析し、さらに飛躍するための策を講じ、行動してみる。それまでと同じことをしていては、次は勝てない。**競技の世界は、それぞれがしのぎを削りながら進化している。「現状維持」で立ち止まったら、その瞬間に「退化」していく。アスリートである以上、前向きにならざるを得ないのである。**

□敗因（勝因）は何か？
□なぜそれが起きたのか？
□どう修正するか？
□いつまでに、何を、どこまで、どう実現するか？

勝負が終わった瞬間、「明瞭にすべき課題」が目の前に山積みされる。次回、勝利したいなら行動するしかない。勝負の結果に浸れば出遅れる。じつに単純な世界なのである。

point

アスリートは「前を向いて進む」という選択肢をもちつづける。

43

元気なマインドをもつ

どんなときも「元気な自分」を貫けるか？

2020東京オリンピック・パラリンピックを観戦し、メダリストになった人のインタビューを見て、「トップアスリートたちは、やっぱり心が開いているな」と感じた。

彼や彼女たちの中で、次のような人がいただろうか？

「エネルギーを感じない」「元気がない」「はつらつとしていない」「言葉に力がない」

おそらく、そんな人は一人もいなかったはずである。

私は、アスリートである学生たちに、**「スポーツの現場では、常に元気な様を表現できる人間であってほしい」**といっている。こんな話をすると、「大学生にもなって、そんなこといわれるの？」と驚く小・中学生もいるだろう。

しかし、**一流選手は、それができている。**逆説的にいうと、**「それができているから一流になれた」**といえるのである。

自己採点

点　100点

point

元気のない一流アスリートはいない。

- □ いつも元気に自分から率先して挨拶をする
- □ いつもよい姿勢で行動している
- □ いつも大きな声でハキハキと話をする
- □ いつも明るい表情を心がけている
- □ いつも積極的に行動している

上の質問に、あなたはすべて「はい」と答えられるだろうか？小学生にするような話で申し訳ない。だが、じつは、中・高・大と学年が上がるほど、できない人が増えてくる。理由は簡単だ。これらの行動や言動、態度を「うるさくいう人」がいたから行ってきただけなのだ。そういう人は、本来の重要さを理解していないため、人にいわれないとやらなくなる。

体調や気分的に「元気」が出ないときもあるだろう。たとえそうでも、暗い部屋に電気をつけるように、自分の心にスイッチを入れてみる。それができる人が一流なのだと思う。

「元気」は人にいわれて出すものではない。自分を成長させるには不可欠のものだ。上のチェックを習慣にして、「元気はつらつ」の日々を送ってほしい。

44

負けず嫌いでいる

負けたまま終わっていいのか？

ある大学の男子バレー部の選手たちは、パチンコが大好きなのだと、その部の女性マネージャーが教えてくれた。「なんで？」と聞くと、彼女はこんな分析をしてみせた。「みんなすごく勝負事が好き。で、負けず嫌い。パチンコも勝った負けたで考える。負けっぱなしは悔しいから次の日もいく。勝てばうれしいから次の日もいく。ただの勝負バカ」

学生がパチンコに打ち込むことの是非については、言及しない。だが、**競技スポーツをやっている人間には負けず嫌いが多いのは事実**だ。元プロサッカー選手・中村憲剛氏なども、「プロアスリートは、負けたら死ぬほど悔しがる連中の集まりです」といっている。

霊長類最強女子といわれた吉田沙保里さんも、自著の中でこう話している。

レスリングというのは格闘技ですから、やっつけにいかなければ反対にやられてしまいます。大事なのは絶対に勝つんだという強い気持ちをもち続けること。それ以外

自己採点

点 ｜ 100点

の遠慮や優しさは、マットの上では必要ない、というか、はっきり言って邪魔です。私もものすごく負けず嫌いですよ。日常生活でも負けるのはイヤ。たとえじゃんけんだって負けたら「クソー、もう一回」って勝つまでやめません。勝負事は絶対に勝たないと気がすまないんです。(『迷わない力』プレジデント社刊より)

ところが、中にはこれとは正反対の選手もいる。たとえば、私のチームにもいたその彼は、人間的にも素直で真面目、練習にも熱心に取り組む。だが、しつこさ、しぶとさが足りない。「優しい」といえば聞こえはいいが、勝負では裏目に出る。「決められない」のだ。

競技スポーツでは、「負けず嫌い」は、プラスに働くことが多いと思う。

だが、それは性格であり、簡単に変えられるものではないだろう。

では、優しい人はアスリートには向かないのか？　そんなことはない。

性格は変えられなくても、気持ちのもち方を変えればよい。「その1点を取るためにどうするか？」をとことん追求し、ワンプレーの精度を上げればいいだけのことである。

point

敗者とは負けた者ではなく、負けたまま終わる者のことである。

45

周りの人をリスペクトできる

人の短所ばかり見ていないか？長所を認めることができるか？

人を「一つのスケール」でしか見られない人がいる。「うまいかへたか」で順位づけをしたり、人を見下したりするような人だ。

それは、ものの見方が非常に狭い、未熟な人間の間違った思考である。

人を多角的に見られるということは、リーダーとしてメンバーを束ねる際にも、人との付き合い方にも反映される大事な部分である。もちろん、それはプレーにも現れる。

元プロ野球選手の黒江透修《ゆきのぶ》さんは、ジャイアンツV9時代の名遊撃手だ。その黒江さんは入団2年目のキャンプで、同室になった先輩の廣岡達朗さんから、「お茶のいれ方が雑だ」と雷を落とされたという。当時、廣岡さんはレギュラーの遊撃手であり、黒江さんは年下のライバルでもある。もちろん、廣岡さんは黒江さんを「つぶそう」としたのではない。

あるとき黒江さんは、「なぜ自分は試合に出られないのか？」と聞いた。すると廣岡さんは、

自己採点

点 ｜ 100点

＊上記のエピソードは『私の失敗 激情篇』サンケイスポーツ運動部編著／ベースボール・マガジン社刊 を読み、学んだ

「おまえの守備は雑だ。プロの打球はボールが生きているから、雑だと弾かれる」と答えたという。そして黒江さんに対し、丁寧な基本動作を徹底的に教えたというのである。

お茶のいれ方で叱ったのも、遠回しに黒江さんの「雑さ」を指摘し、**生活の中の小さなこともプレーにつながる**と気づかせたかったのだろう。そして、黒江さんは遊撃手のレギュラーの座を勝ち取った。廣岡さんは、自分のポジションを奪われる可能性も承知したうえで黒江さんの短所を修正し、長所を前面に引き出した。これが**真のリスペクト**なのだろう。

ジャイアンツの黄金時代は、廣岡さんのような「人間的な巨人」がいて築かれた。一つの観方にとらわれず、大きなスケールで人と接することの大切さを物語るエピソードだ。

廣岡さんは、のちに、セパ両リーグで優勝監督になった名将だ。多数の名選手を育成するだけでなく、そこから14名ものプロ野球監督が育ったことも特筆すべきだろう。

アスリートは自己探求型であり、常に結果を求められるため、近視眼的になりがちだ。廣岡さんのように大きな思考と器をもつ先人から学ぶことは多い。

＼point／

「一つの見方」に縛られると、本質が見えなくなる。

46

不安や後悔にとらわれない

考えても仕方のないことをいつまでも考えてしまっていないか？

思考には2種類ある。

「考えることで物事に進展が得られる思考」と「考えても何も進展しない思考」である。どちらがいいかはいうまでもない。後者は、進展がないだけでなく、不安や後悔、落ち込みなど、よけいなものまで大きくする。

禅の教えに「一息に生きる」というものがある。「過ぎたことをいつまで悔やんでいても仕方がない。一呼吸するその瞬間、瞬間を一生懸命に生きなさい。行く末を不安に思ってもどうにもなりませんよ」という教えである。

「過去の後悔」と「未来の不安」。これこそが、「考えても何も進展しない思考」だ。

「どうしてあのときあんなミスをしてしまったんだろう？」と、くよくよ考える。そして、「次からはもう試合に出られないのではないか？」と、不安が募っていく。

自己採点

点 ／ 100点

似たような経験は、あなたにもあるのではないか？　このような不安や焦りから自分を解放するためには、**過去や未来にとらわれるのではなく、「今」「目の前のこと」に考えを集中させる。「今、自分はどうすればいいのか」を考えるのが最善策**なのである。

女子バドミントンの奥原希望《のぞみ》選手は、小学生のころから「段取り」を大切にしているという。目標を実現するには、そこから逆算して「この時点では何をする」という段取りが必要だ。奥原選手は、そうやって日々の計画を立て、それを確実に実行した。だからこそ、世界ランクの1位にまで上り詰めることができたのだと思う。彼女はこういっている。

「勉強しなくちゃいけないときに、寝たいなと思うこともある。そういう選択の場面に立ったとき、自分が何をしなければいけないかは、自分が一番よくわかっている。そうやって毎日コツコツと、自分の選択、判断を積み重ねることで人生が成り立っている。決断するのも行動するのも、自分の意志。それが自分に返ってくる」

目の前の課題を一つひとつやり切り、自分を進化させていくのがアスリートなのだ。

point

「今」「目の前のこと」を集中して考える。

47

不確実なことに慣れる

想定外のことが起きたときに慌てて我を忘れてしまっていないか？

自己採点

点｜100点

予定通りに物事が進むと気持ちがいいものだが、**「予定は未定にして決定にあらず」**。想定外のことが起きたときに、じたばたと慌てふためいているようでは、計画は破綻《はたん》し、目標の達成が困難になる。そんなことはいうまでもないだろう。

スポーツの世界では、勝つための練習を重ね、綿密に相手を分析し、戦略を立てても「想定外」が発生する。仲間も関わるし、相手も関わる。天候、体調、環境など、複数の要因が複雑に影響し合う**スポーツでは、「想定外は想定内」**なのだ。

つまり、**想定外への対処が成功のカギ**となる。予定通りに物事が進まないときにこそ、アスリートの真価が問われることになるのだ。

想定外の出来事には、どう対応するか？　想定外に強いアスリートとはどんな人か？

私は、練習では必ず「混乱する状況」を取り入れる。対応力を高めるためだ。もちろん、すべての想定外を試すことはできない。だが、**混乱状態の下でのプレーをくり返すうちに、シンプルな「正解」が見えてくる**ことがある。「乱れたらこうする」という正解が一つでも二つでもわかっていれば、チームは落ち着くことができる。何より、「想定外は想定内」ということがわかっているだけでも、対応力は厚みを増す。

もう一つ私が練習に取り入れているのは、**「課題を高く設定」して「やり遂げる」**というものだ。たとえば「サーブのレシーブをきっちり100本返す」という課題を出す。達成できるまで練習を終了しない。いわば、「ゴール地点だけを決め、その間の道のりは自分たちで決めろ」という課題である。

途中には、もちろん混乱が起こる。焦りや絶望、疲労、プレーの迷い……。こうした混乱と闘いながらも、**「結局、正しい動きを一つひとつきちんとするしかないんだ」という超シンプルな正解**を、彼らは身をもって知ることになる。「混乱」の中から「基本に忠実な丁寧な動き」という正反対の真実が見えてくることは、じつに面白いと思っている。

＼point／

不確実なことを確実に行うには、やはり基本を大事にするしかない。

48

理不尽な世界とわかりながらそれでも進めるか？

理不尽なことにも前向きに対応する

競技スポーツの世界は、一般社会からいうと「非日常的な世界」だ。たとえば、毎日行う激しい練習は、一般の人からすれば、「なんでそんなにやるの？体こわすよ」「疲れたら休めばいいのに」という世界。

競技スポーツは「相手と競い合う」ものである。このため、相手より高度な能力、技術、メンタルが求められる。これは誰もが理解できるだろう。**足を止めている間に、相手は先にいってしまうのだ。**だからこそ、激しい練習もするし、疲れても、少々体調が悪くても、痛みがあっても、簡単に休むことはできない。**不条理な世界なのである。**

もちろん、指導者も例外ではない。不条理な世界の人間の一人なのだ。おそらく、読者の多くは、「先生、むちゃくちゃいうよな」という場面を経験しているはずだ（笑）。

ある年のこと。

自己採点

点｜100点

私は、選手の一人をベンチから外した。すると、彼は途端に練習で力を抜き始めた。「どうせ試合に出られないし」という態度がまる見えだ。私は彼にこういった。「君はベンチから外れた。申し訳ないが、今は試合に出る可能性はゼロだ。そこで君はどうするか、だ。ベンチには入っていないがチームの一員だ。どうするかは君次第だ」

さて、あなたならどうするだろうか？

アスリートなら、こういう場面は誰にでも起こり得る。その彼は、こういった。「チームの一員として、やるべきことをやります。そして次のベンチ入りを狙います」

勝負の世界は不条理だ。チャンピオンは一人（1チーム）。それ以外は敗者である。また全員が試合に出られるわけではない。**努力しても報われるとは限らない。**だが、努力しなければ、絶対に勝利はない。そして活躍もできない。そんな世界なのである。

それでもやるか、やらないか？　決めるのは自分だ。未来に何が待っているか？　それもわからない。だが、**未来をつくるのは自分だ。自分の思考と行動が、未来をつくる**のだ。

point

どのような場合でも、自分が前向きでいるかを考えてみよう。

49

応用的な思考をもつ

あなたは指示がないと動けない人？ 自分で考えて動ける人？

自己採点

点｜100点

「応用」とは何か？　こう聞かれたら、あなたはどう答えるだろう？

なんでもそうだが、言葉というのは、文字をしっかり読むことで意味が見えてくる。

応用とは「用いて（使って）応えること」。

スポーツの場合は、「もっている技術を使い、状況に適したプレーができる」ということだろう。そのためには、ある程度の技術と、柔軟的で、多面的な思考が必要になる。

応用的な思考をもった選手はプレーの幅が広く、変化する状況や、想定外の事態にも臨機応変に対応できる。**創造的なプレーができ、突破力もある。**

反対に、**応用的な思考のない選手**は、指示がないと動けない、柔軟に対処できない、前例がなければできない。よって、**状況が悪くても、それを変えることができない。**

応用的な思考のできない選手を分析すると、主に二つのタイプに分かれる。

①理解しようとする努力が足りていないタイプ

指示されたことを、指示通りに、マニュアル的にこなすのは得意だが、「なぜその指示が出されたのか」「その指示に従うことでどう変化するのか」ということを考えない。そのため、自分の力だけでは状況の変化に対応できない。

↓このタイプの人は、**指示に対して「なんのため？」と疑問をもち、考える訓練をしよう。**

②自分の考えに固執して融通が利かない。謙虚さがないタイプ

過去の経験や常識にとらわれ、それ以外の手段を模索しようとしない。思考が凝り固まっているため、違う考え方の人間を受け入れられない。変化にも対応できない。でも自分は変えない。今までそこそこうまくやってこられた「ヘンに自信のある選手」に多い。

↓このタイプは、人を認めることができない。そこで、具体的な改善策として、人の話に聞く耳をもつことから始めてみるとよい。**「そうなんだ」「なるほどね」をログセにし、「でも」「だって」を封印する。**1週間くらいつづけると、少しずつ変化が現れるはずだ。

point

思考のクセを変えるために、小さな実践をくり返してみよう。

50

課題発見型の人間になる

できないことをそのまま放置してしまっていないか？

自分を俯瞰してとらえ、現状を冷静に分析することは、アスリートにとって不可欠な作業だ。近年、「メタ認知」という言葉をよく聞くようになったが、一流のアスリートは総じてこの能力が高い。「客観的な目」をもち、「改善に向けた行動」がとれる人たちなのだ。練習というのは「できないことをできるようにする」ためのものである。それには「できないこととしっかり向き合う」ことが前提となる。至極当然の話だが、意外とこれができない選手が多い。そういう選手には、共通点がある。

- 自分の能力を評価できない（過大評価することが多い）
- 他者の能力も評価できない（過小評価することが多い）

なぜか？　これは私の持論だが、「自分の感情」が優先してしまうからだ。

さて、次の質問に素直に答えてみてほしい。

自己採点

点｜100点

□自分の弱点を認めることができない
□他者のよいところを認めることができない
□喜怒哀楽などの感情が表に出てしまいやすい
□自分が動くより「○○してよ」と他者に要求することが多い

すべてに「ＹＥＳ」とか「完全にＹＥＳ」という人は、「自分を俯瞰してとらえる」ことが苦手な人かもしれない。これは私の経験から導き出された傾向である。

さて、この項の本題は、「課題発見型の人間になる」だ。

「できないことをそのままにしてしまう」という人は、横着とかの問題ではなく、そもそも課題を発見するための「客観的な目」が育っていないのかもしれない。

そういう人は、右の４つを修正することから始めてみるとよい。「自分の弱点を認める」「他者の長所をほめる」「感情を抑えるのではなく、それを表に出すことを抑える」「人に依頼する前に自分が動いてみる」。これだけでも、少しずつ変化が現れてくると思う。

point

客観的な目をもたない者はアスリートとして大成できない。

51

自分を積極的に変化させる

自分を変えることに

臆病になっていないか？

ボクシング界の伝説のチャンピオン、マイク・タイソンを生み出したカリスマトレーナー、カス・ダマトはこんな言葉を残している。

「一流のボクサーほど、試合の何か月も前からゴングが鳴るまで、ずっと怖がっているんだよ。（中略）怖いから練習するんだ」

また、サッカー元日本代表の本田圭佑選手はメンタルが強いとよくいわれるが、じつはとても臆病で、だから人一倍トレーニングを積んだといわれている。

私が高校時代の話だ。ある強豪校と練習試合をしていたときに、そのチームの監督が一人の選手に対して怒りを爆発させた。

「ブロックを止めろといってんだろうがっ！」

30年以上も前のことだが、当時のバレー指導では暴言や体罰が飛び交っていた。私はそ

自己採点

点｜100点

れを見て、「怒られてブロックが止まるほど簡単じゃないでしょ」と思った。

ところがだ。そのあと、叱られた選手は立てつづけに3本のブロックを決めたのだ。

彼の何が変わったのか？　それは「必死さ」だと思う。もちろん、体罰や暴言を肯定しているのではない。「必死さ」が人を強くする、ということをいいたいのだ。

もう一点、別の視点から「臆病」についてお話ししたい。

一流になり切れない選手は、「自分を変化させること」に対して臆病な傾向がある。アスリートたちは、さまざまな経験を積み重ねて「今の自分」をつくり上げてきた。このため「自分を変化させること」は、過去の自分を否定し、築き上げてきた方法を崩すことになると考えるのだ。だが、そういう選手は成長しない。

なぜなら「変化」は、成長過程の一つだからである。「**変化」ではなく「進化」なのだ。アスリートである以上「日々進化する」勇気をもち、工夫をする。**昨日より今日、今日より明日は1ミリでも先に進む。その貪欲《どんよく》さの有る無しが、一流と二流を分けるのである。

\ point /

1ミリでも先に進む貪欲さをもつ。

52

言い逃れをしない

「自分は絶対に悪くない」という場合にも一度、受け止められるか？

自分のよくない部分を人から指摘されたときに、あなたはどうしているか？

「でも…」「だって…」「…だから仕方がない」という言葉が出ていないか？

気持ちはわかる。私も組織に属しており「否定」を突きつけられる場面があるからだ。

だが、私の指導経験からいえば、**自分の非を認められる選手は、たいてい伸びていく。**

反対に、言い訳、言い逃れ、ごまかし、屁理屈、自己弁護の多い選手は成長がない。

自分の非を突きつけられたとき、どうしたらいいのか？

感情のコントロールはとても難しい。「怒らないように」とか「落ち込まないように」と思ってもなかなかできない。だが、それを表に出さないことはできるだろう。

「はい」「その通りです」と元気よくいい、まずは受け止めてしまえばいい。

もちろん、「なんでも受け入れろ」ということではない。受け止めることが大切なのだ。

自己採点

点 | 100点

冷静に、素直に、謙虚に受け止めたうえで、納得できない部分や主張したい部分があれば、いうべきだろう。なんでもかんでも黙って受け入れ、自分を押し殺すこともまた「逃げ」なのだと、私は思っている。

ただし、自分の意見をいうからには、それだけ責任が増すということも覚えておかねばならない。指導者の立場からすれば、「いい返すならいい返せばいい。ただし、いったからにはしっかりやれ。同じことをやったら、君は口だけの人間と見なされるよ」となる。

厳しいが、これが本音だ。そして、もう一つ本音をいえば、**自分の評価が下がるかもしれない覚悟をもって、それでも「これが正しいと思う」といえる人間を望んでいる**のだ。

虚勢や自己都合でやるのではない。他者や全体への影響も深く考えた真剣な訴えには力がある。言葉がよいとか悪いとかではなく、気迫があるのだ。**「いうからにはやる」「やるからには成果を出す」**という気迫のある人間は必ず成長する。その気迫は人を動かす。

一人の気迫がチームに伝わり、見違えるほど強くなっていく例を、私は何度か見ている。

point

逃げない覚悟は、自分だけでなく、周囲も変えていく。

53

先入観や固定観念を疑う

情報や過去の経験を無邪気に信じすぎていないか？

自己採点
点｜100点

人間は、先入観や固定観念に縛られる生き物だ。それは生きるために獲得した知恵なのだが、それにとらわれすぎると本質を見落とし、失敗することがある。アスリートも同じで、先入観や固定観念はプレーの邪魔をする。大きく分けると、先入観には3つある。

①他者への「○○だろう」という先入観

「この選手は○○だろう」という思い込みだ。これで失敗しないためには、情報をそのまま受け入れないこと。情報が入ってきた時点でいったん立ち止まり、「本当にそうなのか？」と疑い、「どうしてそんな情報が出てきたのか」と、疑問をもつことである。

②自分への「これができない」という先入観

いわゆる「苦手意識」で、これを払拭できないと、パフォーマンスが極度に制限される。この先入観は、過去の経験からつくられたもので、一度「できない」と思うと、できなかった記憶の連鎖が始まり、苦手意識がどんどん強化されてしまうのである。

苦手意識を取り払う方法は、ただ一つ。過去の記憶を「できる」に書き換えることだ。勇気をもち、「ダメもと」でやってみる。失敗したらもう一度やる。これしかないのだ。

③「自分は正しい」という先入観

このタイプの人は、おそらく、そう思えるほどの努力を積み、実績を残してきたのだろう。だが、「自分は正しい」と思い込んだ瞬間から、外部の情報を遮断し、アドバイスにも耳を貸さなくなる。その結果、成長は止まり、孤立する可能性も高くなる。

前項とも重なるが、どんなに成功していたとしても、常に「自分は間違っているかもしれない」「自分は本当に正しいのか？」と、自問自答することも大切なのだ。

素直で謙虚な人間も、先入観には注意したほうがよい。むしろ、人の意見を真に受けるため、思い込みが深くなる。**「本当にそうか？」と立ち止まって考えるクセをもつこと**は、誰にとっても、非常に大切な習慣なのである。

point

「それは単なる思い込みではないか？」と疑ってみる。

54

できないことを恐れない

失敗を恐れずに挑戦しているか？

小学生のバレーボールチームを指導している知人が、こんな話をしてくれた。

「『これやってみよう』というと、『ムリ〜』と返す子どもが本当に多い。なんかもう返事が『はい』ではなく『ムリ〜』に変わっちゃったのかなって思うほどだよ（笑）」と。

なぜなのか？　と考えながら歩いていると、保育園帰りの親子の会話がふと耳に入った。

母「なんでそんなことしたの！」

子「だって…（半泣き）」

母「どうしてそんなことになっちゃったの！　もうママ知らないからね」

何を失敗したのかはわからない。だが、それを厳しく責められていることはわかった。

私は世間の親御さんに、エラそうにいえる身ではない。これは自戒を込めた話なのだ。

失敗するには、なんらかの理由があるはずだ。それを聞いてあげたうえで、「今度から

自己採点

点｜100点

どうしたらいいと思う？」「こうしたらよかったかもね」とアドバイスできればいい。

もっといえば、どんどん失敗をさせてあげるべきなのだろう。

「失敗」と書いて「せいちょう」と読む。

名選手であり、名将ともいわれた野村克也さんは、この言葉を人生訓にしていたという。卓越した野球理論は、その半分以上が失敗から築かれたものではないか。また、選手にかける厳しくも温かい言葉は、自身の挫折や後悔から生まれたものだと思う。

私も、先の親御さんと同じで、選手の失敗を責め立ててしまうときがある。そのくせに、「嫌だな、大変だな、難しそうだなということから逃げるな。そこに足を踏み出して、自分のものにしろよ」などという。これでは選手が躊躇してしまう。私の失敗といえるだろう。

失敗することも、また、失敗を認めることも、とても勇気がいることだ。だが、**成長はそこからしか生まれない。アスリートの諸君、失敗する勇気、失敗を認める勇気をもとう。**

親御さんや指導者のみなさんにも、それをもっていただければうれしく思います。

point

失敗を恐れたら、いつまでたってもそれはできない。

55

コンプレックスに支配されない

劣等感を抱えてうじうじといじけていないか？

私のチームには、高校時代に輝かしい戦績を残した選手もいれば、まったく無名の選手もいる。そういう選手が集まって、今、同じチームで活動している。

そこには当然、見えない「有能感」や「劣等感」（コンプレックス）が渦巻いている。

劣等感は、自分を奮い立たせる原動力にもなるが、扱いを間違えると厄介だ。この感情に支配されると、マイナス思考に陥り、「自分にはできるわけがない」と行動に抑制がかかる。また、「自分はバカにされている」という誤った思い込みから、自分を守るために周囲への威圧的な言動をする者もいる。

では、劣等感を抱えている人は、どうすればいいのか？

第一には、「人との差」を受け止めることだ。差を認めるだけでなく、**「差があるからこうする」**と、前向きに受け止めて行動すれば、劣等感は次第に解消していく。

自己採点

点｜100点

だが、ことはそんなに単純でないことは、わかっている。じつは、私自身が劣等感の持ち主だったのである。私は中学まで野球をやっており、バレーは高校から始めた。私が進んだ高校は、全国の強豪校で周囲はエリート選手ばかりだ。当然、日々、ダメな自分を突きつけられる。劣等感は大きくなっていった。だが、身体能力に恵まれてレギュラーをつかみ、高校3年のときには全国優勝の経験もした。それでも劣等感をもっていた。

劣等感を克服できたのは、大学に入ってからである。高校よりさらにすごい選手がそろっていた。そんな状況でバレーをつづけていくには、**「開き直る」**しかなかったのだ。

「大学バレーはここからだ。過去は関係ない。スタート地点はみんな同じだ」

と考えたのである。スタートが同じなら、少しでも先にいく努力をすればいい。仲間が10本やるなら12本。10分やるなら12分。2倍進むのは難しいが1・2倍ならできる。

劣等感は逃げても消えない。目をそらさずに受け止め、行動するしかないのだ。

やがて、私の中から劣等感は消えた。実体験から得た劣等感の克服法である。

point

劣等感を克服するには目をそらさずに、行動するしかない。

56

ムダなプライドは捨てる

他者と比べるのではなく自分の行動に誇りをもてるか？

プライドは、薬にもなれば毒にもなる。「あいつはプライドが高くて付き合いづらい」ということもあれば、「おまえ、少しはプライドもてよ」ということもある。

プライドって、いったいなんなのだろう？　いいものなのか、悪いものなのか……。

まず、知っておいたほうがいいのは、プライドには2種類あることだ。

「もつべきプライド」と**「捨てたほうがいいプライド」**である。

「もつべきプライド」は、「自尊心」や「自己肯定感」といい換えることもできる。自分の能力や行動から生まれるもので、これが自信や、誇り、自分への期待につながっていく。

「自分自身」が根拠になっているため、他人の評価によって揺らがず、さらなる高みを目指して努力できる。ただし、自分への要求が高すぎると、自分を苦しめることにもなる。

テニスの大坂なおみ選手は、そのタイプだった。自身の「完璧主義」が仇となって調子

自己採点

点｜100点

を崩すことが多かった大坂選手に対し、コーチが次のようなアドバイスをしたという。たとえば、ダブルフォルトをしたときには、「たかが2本ミスっただけ。テニスのサーブは2本に1本入ればいいんでしょ。今回は、たまたまそれがつづいただけだ」と。

2021年の全豪オープン優勝の際、解説の人がテレビで話していたエピソードだ。

さて、もう一方の「捨てたほうがいいプライド」は、他人との比較で得られる「優越感」や「虚栄心」だ。「人より上にいたい」「よく見られたい」という思いが強いため、失敗を嫌う。新しいことや苦手なことへのチャレンジはしない。また、**「他人」が根拠になっているため、このプライドはすぐに揺らいでしまう**のである。

こんなプライドは、もっていても邪魔になるだけなのだが、なかなか捨て切れない。ならば、**プライドの根拠を「他者」から「自分自身」に変えてしまえばよい**。日々の行動に対し、「自分はこれだけ努力している」「昨日より今日は成長した」と、**自分自身にフォーカスして、評価をする**のである。

＼point／

自分自身の行動を正しく評価できれば、それは確固たるプライドになる。

57

きついとき、苦しいときこそ笑っていられるか？

逃げを打たない

ある年、一人の選手に少々厳しい指導をしたことがあった。

彼は、人間的にはとてもいい男で、「教師と学生」というだけの立場であれば、いい付き合いができたに違いない。だが、彼には欠点があった。「このままでは、私は彼のことを、アスリートとしては全然信用することができない」と思い、彼を呼んでこういった。

「きつい、大変、困難なことに対して、みんなは『やってやるぞ！』という姿勢が見える。でも、君から見えてくるのは『大変です。難しいです。きついです』という態度ばかりだ。君がそういう姿勢でいる限り、俺は君をレギュラーとして使うことは100％ない。なぜならアスリートとして信用できないからだ」

彼は態度を改めた。だが、**なぜ彼は、あのような行動・自己表現をとったのか？**

指導者としては、彼の内面を知っておく必要があると思い、考えてみた。

自己採点

点｜100点

彼の行動は無意識のものである。大学生のアスリートであれば「つらいですー。ふぅー。きついですー。はぁー」という態度は、ふつうはカッコ悪くてできない。レギュラー争いの激しいチーム内で、わざと弱い自分をさらすことなどありえないのだ。

それなのに、どうして弱い自分を見せたのか？

それは意識の根底に、「最大努力をしてやろう」という気持ちが不足していたからだ。

人間の行動や自己表現には深層心理が現れる。彼は、自分では頑張っているつもりだが、**深層心理では「つらい、逃げたい」という気持ちが大きく働いていた。**「最大努力をしてやろう」という気持ちはあったのだが、それが隠れてしまっていたのである。

では、こういうタイプの選手には、どうしたらいいのだろうか？

高橋尚子さんの本を読んで、そのヒントをいただいた。

女子マラソンの有森裕子さんや高橋尚子さんを育てた小出義雄監督は、名指導者として知られている。いつも選手たちには「自分の殻をつくるな」と伝えていたそうだ。

「世界一かけっこが好き」という高橋さんだが、たった一度、あまりのハードな練習から逃げたくなり、冗談を交えて弱気な態度を示したことがあった。だが、小出監督は、大笑いして、高橋さんの弱気をスルーした。

結局、高橋さんはあきらめて走り出すことになった。ところが走り出すと、思った以上に体が動き、厳しい練習をやり切ることができたという。高橋さんはこういっている。

やれないと思っていたのは自分の気持ちだけで、体は思った以上に動いてくれる。気持ちで壁をつくってはいけないと実感しました。

多くの場合、限界を自分でつくってしまっているだけなのです。(『こんなに楽しいのに走らなきゃもったいない!』ポプラ社刊より)

「私は自分で限界の壁をつくっていないか?」と日々、自分に問うてみるといい。

もう一つ、壁を取っ払う秘訣は、笑ってしまうことだ。**脳は単純なところがあり、笑顔になると「ああ、楽しいことが起きているのだ」と受け取る**のだという。

笑うことは、「つらい、逃げたい」にフタをすることにもなるのだ。小出監督が高橋さんの弱気を笑い飛ばしたのも、こうした脳の特性を知ってのことかもしれない。

point

つらい、逃げたいという意識には、笑うことでフタをしてしまう。

4章

結果を出す行動習慣

58

行動力がある

○○しようと思ったら

即、行動を起こしているか？

「思い」が「行動」となり、行動が「結果」を生む——。

私は、これを信条としている。「今」の行動も「未来」の結果も、すべては「思い」や「考え」から発しているのだ。この章は「行動習慣」だが、それを生むのはやはり思考だ。

だが、そうはいいつつも、ときに私は矛盾したことを選手にいう。

「頭で考える前に、まずは動いてみろ！」と。動いてみて、なんらかの感触を得て「これはいい！」とか、「もっとこうしたほうがいい」とアレンジすることも大切なのである。

これまでの経験からいうと、チームの状態がよくない年には、共通した傾向がある。「動き出しの悪い選手が多い」ことだ。私が指示を出すと、動き出す前に「うーん」と考えたり、「えー」と迷いを見せたり、「それって意味ありますか？」と反論してきたりする。

反対に、状態のいい年は、行動が軽やかだ。まず動いてみて、あとから「先生、こうい

自己採点

点 ／ 100点

うことありますよね」「こうじゃないですか?」と、いいにくるような選手が多い。

動き出しの早い選手と、動き出しの遅い選手では、何が違うのか?

それは、「受け止め」ができるかどうかである。「受け止め」ができるというのは、

- **指示やいわれたことの内容を正確に把握すること**
- **なぜそういう指示が出たのかを理解できること**

さらに、**そのときの状況に臨機応変に対応でき、自分の意見ももっていればなおいい。**

ある年のマネージャーは、まさにそのタイプだった。指示に対して、即、正確に実行する。しかも、ただのイエスマンではなく、自分の意見をもっており、マネージャー視点での提案もしてくれる。私とどこか「対等」みたいな部分があり、スムーズなチーム運営ができた。

彼は「まず人のために」という人間だった。「自分のやるべき仕事」を抱えていても、指示されたことを優先する。緊急の仕事がある場合は、断りを入れて、それを最優先する。ようは機転が利くのだが、日ごろからの「思考習慣」がそれを可能にしているのだ。

point

何事もまずは受け止めて行動を起こしてみよう。

59

ストレス耐性をもつ

自分を崩されたときにオロオロしていないか？

学生と接していると、「ストレス耐性が弱いなあ」と思うことがある。人生経験が浅いので仕方がないと思うのだが、「社会に出て大丈夫かな？」と心配になることも多い。

とくに「自分本位」な人間はストレスに弱い。「俺が俺が」と自己主張するので一見「強い」と思いきや、自分を崩されてしまうと、途端にボロボロになってしまうのだ。

つまり、「変化」に弱いのである。「自分がやってきたこと」から「そうでないこと」への変化、あるいは「自分のやりやすい世界」から「そうでない世界」への変化だ。

今の学生たちには、そういう傾向が強く見られるように思う。

なぜ、彼らは変化を嫌うのか？　私の考えはこうだ。

変化に対応するには、少なからず努力を要するからだ、と。

言い方は悪いが、極論すれば「楽をしたい」「嫌なことは避けたい」のだろう。

自己採点　　／

点｜100点

確かに「変化に対応する」ということは、「自分のやり方を変える」「自分の在り方を変える」という部分が必ず必要になる。このため、肉体的にも精神的にも大きな負荷がかかる。いわゆる「ストレス」だ。

しかし、そのストレスを前向きに受け止めたり、ストレスに挑戦できたりする選手がいる。「度量」のある人間だ。選手の「度量」というのは、あらゆる場面で感じられる。

たとえば、ハードな練習で「よし、いくぞー！」と声を出す、フラフラになっても「まだまだ。もう1本！」と自分に喝を入れる、悪い雰囲気でも明るい態度でいられるなど、人間的な大きさ強さを感じる。ようは「頼りになる」のだ。そんな**「度量」のある選手がいる年は、チーム全体の雰囲気も自然によくなるし、戦績的にもよい結果が出ている。**

度量は生まれつきのものではない。過去、変化に対応できた自信や、問題を解決してきたことへの「自己肯定感」によって培われた、と私は考えている。**彼らは「自分を変えた」というよりは「対応できる幅」や「受け止める深さ」を変えることができた人間なのだ。**

point

変化に強い人間は、幅や奥行きがあり、人にも頼りにされる。

60

時間の管理をする

心身を整える時間も考慮して行動をしているか？

自己採点

点｜100点

日本は「時間」に対して徹底的に厳しい文化である。

そういう日本で生活しているのだから、時間管理のできない人は、やはり信用されにくい。アスリートも同じだろう。私がアスリートとして最も信用できないのは、**単なるルーズな選手というよりも、「時間への概念」を勘違いしている人間**である。

ある選手の話だ。彼はいつも練習時間のギリギリに現れる。ほかの選手に「遅いぞ」といわれると、「そうか？　時間通りだよ」と、悪びれる様子もない。

確かに彼は、1回も遅刻をしなかった。だけど、いつもギリギリ。ようするに、それが彼の時間に対する概念なのだ。**出来上がってしまった概念は、簡単には変えられない。**

『室伏広治　超える力』（文藝春秋刊）という本の中に、興味深い話を見つけた。

俳優の高倉健さんの話である。高倉さんは、どの映画でも、かなり早くに現地入りをするという。撮影現場に馴染み、とけ込むためだ。衣服も現地で買い、一目見ただけでは高倉さんとわからない。あるとき、久しぶりに北野武さんと共演した際には、1か月以上前から現地に入り、武さんがきたときには花束をもち、駅まで出迎えたという。

室伏さんは、海外を武者修行しながら転戦された方であり、その環境に身を置き、準備し、国の文化や歴史、事情などを知ることで、より力を発揮できることを知っているのだ。

室伏さんや高倉健さんのように徹底できなくても、私はやはり競技で**結果を出すには、「準備」が大切**だと思っている。**時間ギリギリでは、心も体も整わない。**厳しいようだが、先の例のような「時間に間に合えばいい」と考えている選手には、信用を置けないのだ。

ちなみに、2020東京パラリンピック陸上男子砲丸投げで、マレーシアの選手が世界記録を上回るビッグスローで優勝を決めた。ところがあとになってから、試合前の集合時間に正当な理由がなく遅刻していたという理由から、優勝は取り消しとなった。また、同大会、競泳男子100m平泳ぎの日本代表選手も招集時間に遅れ、棄権となっている。

＼point／

時間厳守は当たり前。心と体を準備する時間も含めての時間を管理すべきだ。

61

努力の範囲を広げる

自分だけ、プレーだけ、チームだけという狭い考えで行動していないか？

自己採点

点 ｜ 100点

今のチームに「卒業したら海外でバレーボールをやってみたい」という選手がいる。彼は高校時代に高いキャリアがあったわけではなく、大学にきてから頑張ってレギュラーになったような選手だ。「トップリーグはムリだぞ」というと、「どこでもいい」といった。

「でも、なんで海外に行こうと思ったの？」

「いろいろな体験をしてみたいんです。せっかくバレーボールをやってきたのだから、その経験を使って、そういう機会をつくって、でき得る最大限のチャレンジがしたいなと」

「その先はどうするの？」

「教員をやります」

彼はきっぱりといった。私は、「ああ、いいなあ」と心から思った。彼を応援するためにプロモーションビデオを制作し、関係者に渡して、売り込みの手伝いをした。

自分の人生やキャリアをつくるのは、ほかの誰でもない。自分自身だ。自分の行動の積み重ねが未来を決めていくのである。

ヨーロッパの下級リーグ、おおいに結構ではないか。苦労もあるだろうが、その分、日本にいては到底学べないこともある。経験が多いほど、幅のある人間になるだろう。

実際、生涯をバレーで食べていける選手なんて、ほんのひと握りでしかない。それはほかの競技スポーツも同じだろう。

確かに、競技スポーツの世界は過酷だ。だが、実社会も同じように過酷なのである。

アスリートが、もしも一般の学生より優位な点があるとするなら、**「その条件下でいかに力を発揮するかについて学んだこと」に尽きる**と思う。「全国大会に出ました」という結果ではなく、そこで何を考え、どんな努力をし、挫折からどう立ち上がったか。周囲の人間とどんな関係を築いたのか、という我が身を削った経験が大切なのだ。**バーチャルではないリアルな経験が、あなたの体の血や骨や肉となり、パワーになっていく**のである。

point

経験の範囲を広げよう。それが自分を成長させてくれる。

62

ポジティブモードで周囲を見る

周囲の人のよい部分を自分のものにできているか？

自己採点

点｜100点

私は、ふだんから選手たちのできていない部分や足りないところを指摘し、指導する立場として、ついつい「ネガティブモード」で人を見てしまうところがある。今、そんな反省の意味も込めて、この項目を書いている。

そもそも**人間は、人の弱点や欠点を無意識レベルで探している**。これは生存本能からくるものだろう。さらに、人の欠点に目を向ければ、自分の欠点を見ないで済む。こうしてストレスを軽減しながら、自分を守っているのである。人の長所は「意識的に見よう」としない限り、認識できない。目には入っていても、「意識レベル」に入ってこないのである。

偶然にもこの原稿の執筆中、バスケットボール女子日本代表のヘッドコーチを務めていた、トム・ホーバス氏と水卜《みうら》麻美アナの対談がテレビで流れ、彼の言葉が耳に飛び込んできた。ホーバスさんは、選手を「イエーイ、いいよいいよ」というようにはほめないと話した。むしろ厳しさばかりだと。私はこれを聞き「そうだよな、むやみにほめることはない。やはり厳しさが必要だよな」と深く同意した。だが、次の言葉にハッとさせられた。

「スポーツもビジネスも、厳しくいっても尊敬することが大切だ」と。

ホーバスさんのヘッドコーチ就任は2017年。このときからメダルの可能性を信じていたという。「世界で一番いいチームと思っていた」と。だが、彼女たち自身が「自分たちの力を信じていなかった」。だから、そればかりをいいつづけてきたというのだ。

「世界で最もハード」という日本代表チームの練習も、この信頼があるからできるのだ。

私は「忘れていた大切なもの」を思い出させてもらった気がした。

さて、あなたは、ポジティブモードで人を見ているだろうか？

人の長所を見つけられれば、それを手本にすることができる。それがスキルアップにつながることはいうまでもないだろう。また、**人の長所を意識的に探す習慣がつくと、**面白いものでそれに影響を受け、**思考も前向きになってくる**のである。

＼point／

他者の長所は意識的に見ようとしないと目に入ってこない。

63

組織を考える

あなたの行動が組織に与える影響を考えているか？

自己採点

点｜100点

組織には、「2：6：2の法則」があるのをご存じだろうか？

これは組織内の人間の「構成比」のことで、どんな集団も「2割は優秀な人、6割は中くらいの人、2割はダメな人」という法則だ。メンタルの傾向が、まさにこれに当てはまる。

「ポジティブな選手」「どちらでもない選手」「ネガティブな選手」が、**「2：6：2」の割合で存在する**のだ。そして「どちらでもない6割の選手」をどうするかが、組織を運営するうえでのカギとなるのである。

ある年のチームの話である。その年は、とてもいいキャプテンに恵まれた。そして、「ポジティブな2割の選手」がキャプテンといっしょに頑張っていた。

いっぽう、「ネガティブな2割の選手」がチームの雰囲気を悪くしていた。

問題の「どちらでもない6割の選手」だが、6のうちの3がポジティブ派に転じ、1がネガティブ派につき、残りの2は、相変わらず「どっちつかず」という状況だった。

全体で見ると「5：3：2」でポジティブ派が優勢。その年は、**ポジティブ派が優勢になったため、チーム運営はうまくいき、雰囲気もよく、それが戦績にも反映された。**

だが、「どちらでもない6割」がネガティブ派に転ぶ年もある。そういう年は、チーム運営はうまくいかず、雰囲気や戦績も悪くなる。1年ならまだしも、これが2年間つづくと痛い。「ダメな組織」「改善できない組織」と周囲から見られてしまうのだ。

組織は一人ひとりがつくるものだ。年度が変わるとメンバーも変わる。これは誰もが理解しているだろう。だが「組織自体」は名前を受け継ぎながらつづいていく、ということへの理解は不足しているのかもしれない。「看板に傷がつく」という表現は好きではないが、組織である以上、周囲からの信用や信頼はあなたが思うよりずっと大切なのである。

あなたが「2：6：2」のどこに所属するかは知らない。だが、**一人ひとりの行動が組織の「看板」と「伝統」をつくっていると自覚すれば、行動は自ずと変わってくるはずだ。**

point

自分のその態度が、思わぬところにまで波及していくと心得よ。

64

自ら発信する力がある

人を動かす力とは何か。あなたにはそれがあるか？

「発信」といえば、最近はもっぱらSNS頼りの世の中だが、**アスリートにとって必要なのは、直接的でダイレクトな「リアルな発信力」**である。

そもそも発信力とは、「自分の意見や考えを周囲にわかりやすく伝える力」のこと。いいたいこと、表現したいことを一方的に発信し、押しつけるのではなく、どうすれば相手にわかってもらえるか、正しく伝えられるかを、考えなければならない。

それには、何を話すかだけでなく、行動、態度、表情といった、総合的なコミュニケーション能力が必要になってくる。

発信力で、一番大事なのは「エネルギー」だ。「エネルギーのこもった話」「エネルギーのこめられた行動・態度」……。コミュニケーションには、声質やトーン、表情なども大事だと思うのだが、やはり、一番は人を巻き込めるだけのエネルギーなのだと思う。

自己採点

点 ／ 100点

青臭い言い方になってしまうが、「熱さ」や「気迫」なのである。

女子サッカー日本代表でキャプテンを務めていた澤穂希《ほまれ》さんは、自著の中で、次のようなことを話している（『負けない自分になるための32のリーダーの習慣』幻冬舎刊）。

いろいろなタイプのリーダーがいると思いますが、私はそもそも、言葉を巧みに使って選手を引っ張っていくタイプではありません。（中略）わたし自身、やっぱり自分のプレーをしっかりピッチで表現して、その結果チームを牽引できればいいという思いがあります。（中略）特に下の世代の選手たちに、世界で勝つために何が大事か、単に口で「ああいうふうにやれ」「これやれ」とか言っても、たぶんついてきてはくれないでしょう。（中略）やっぱり何より大事なのは、プレーで見せること。サッカーで実際にやるべきことを見せるのが、一番伝わると信じてやっています。

澤さんはリアルな発信力を自らの背中に乗せた。あなたも自分のやり方で、熱さや気迫を伝えればいい。

＼point／

言葉より先に伝わるものがある。それはやはり熱い気持ちなのだ。

65

いつもやっていることの中に面白みを見つけられるか？

物事や行動を反復、持続できる

少し前、体育館の隅にホコリがたまっているのを見かねて、選手を叱ったことがある。「もともときっちりやっていたことだろ。なのに、なぜそれができなくなる？　慣れか。これくらいはいいや、というゆるみか。そういうところに人としての力量が現れるんだよ」

「慣れ」には、いい面もあり、悪い面もある。

いい面としては、物事のやり方や進め方が身につき、迷いなく、スムーズに実行できるようになること。最初は緊張するようなことも、慣れるとなんでもなくなる。

悪い面としては、新鮮な気持ちがなくなる、気がゆるむ、単なる作業になる、などがある。ようするに、心が向かなくなるのだ。

「慣れ」を頂点にすれば、あとは下がっていくだけになる。だが、「慣れ」を途上ととらえれば、さらに伸びていく。「慣れ」をどうとらえるかで、人間は大きく差がつくのである。

自己採点

点｜100点

サッカー日本代表のゴールキーパーを長年務めている川島永嗣《えいじ》さんの人生を大きく変えたのは、高校のサッカー部監督との出会いとその教えだったという。先生はこういった。「人と同じことをしていれば人と同じにしかならない」と。以来、川島さんは、毎日の自転車通学を「トレーニング」に変えたそうだ。自転車のギアを一番重くして、つま先でこぎ、雨の日も自転車で通った。早朝に家を出て、学校で自主練習をする。

キーパーの練習は一人でやれることは限られている。その朝は、キック練習が主で、ひたすら壁に向かってボールを蹴る。（中略）自主トレの集まりは悪かった。（中略）僕だけは、何かにとりつかれたかのように毎日やった。（『準備する力』角川書店刊）

先を見据えての行動だ。**物事を継続的に行うには、明確な目標や「よりよくする」という向上心が必要だ。**それは誰のためなのか？　**誰でもない、あなた自身のためなのだ。**

先の掃除の例も嫌々やれば単なる作業だが、たとえば「心を整える時間」にしたり「今日は左手で」としたらどうなるだろう。継続をより大きな力に変えられるのではないか。

point

やらなければいけないことなら、何か工夫をしてみる。

66

質にこだわる

何時間やったではなく、どれだけ高い質でやったかを考えているか？

「成果」は「量」と「質」の掛け算だ。

成果＝量×質

10段階のうちの10の質を出しながら、100回できたとしよう。

成果＝100×10＝1000 となる。

しかし、同じ100回でも8レベルの質でやれば、800の成果にしかならない。

成果を最大化させるには、質と量の両方が必要なのである。

では、「質」とは何を指すか？

「量」は回数など数値化しやすいが、「質」は抽象的なので難しい。そこでここでは「質」というものの中身を考えてみる。これには、大きく二つのとらえ方が考えられる。

一つ目は、**結果を踏まえた考え方**である。たとえば、多くの選手やチームは「データ」

自己採点

点 ｜ 100点

を取るが、これは「成功数や成功の割合でプレーという事象を考えるため」のものだ。この数字の「良い悪い」を指して「質」とするものだ。

二つ目は、**感覚の領域**についてである。プレー（運動）を実施したときに得られる「感覚」や「感触」がよかった、悪かったたというとらえ方である。

感覚というと「よい・悪い・ふつう」などと、ざっくりした「感じ方」で表現することが多いが、もう少し詳しく言葉にしてみるといい。たとえば、**動きの「スムーズさ」「滑らかさ」「バランスのよさ」「力強さ」「ダイナミックさ」「鋭さ」**などである。スポーツにおいて頻繁に使われる言葉だが、この**感覚的な言葉こそが、動きの「質」を表している**のだ。これらの感覚は、鍛錬を積むことで変化する。感覚そのものが変わったり、感じられなかったことが感じられるようになったり、深まったり、広がったりしていく。

このように「質」を、運動の**結果や感覚**からとらえることには、大きな意味がある。**練習やトレーニングの成果をより正確に理解でき、さらなる改善を図れるようになる**からだ。

point

質は大雑把な感覚ではなく、客観的な数値や細やかな感覚で把握する。

67

何事にも全力で取り組む

全力で取り組むのは当然。１２０％の準備をしているか？

「１２０％の原理」という法則がある。「１２０％の高みを目指せ」という意味だ。

なぜ、１２０％の高みを目指すのか？

それは、**現実というのは、目標の８割くらいしか達成できないことが多いから**だ。

簡単にいうと、テストで１００点を目標に勉強しても、実際は80点止まりということ。

実際に１００点を取る人は、１２０点を目指すくらい周到に準備をしているのだ。

たとえばあなたの**目標が「県大会優勝」だとしよう。すると、現実は県大会準優勝やベスト４で終わる可能性が高い。**もしも「県大会優勝」を目指すなら「全国大会ベスト８」に届く練習をする。すると**「８割の達成」でも、県大会優勝が手に入る**というわけだ。

１２０％で設定すれば、練習は厳しくなるのが当然だろう。

２０２０東京オリンピックで銀メダルに輝いたバスケットボール女子日本代表の高田真

自己採点

点 | 100点

希主将は、試合後のインタビューで、次のようなコメントを残している。

「正直練習はきついです。体力的な部分もそうですけど、フォーメーションもたくさんの量があるので、頭を使うこともすごく大変です」。「『細かいところをやらないと勝てないよ』といわれるので、今回戦ってみて、こういうところが大切だと思う」。「練習中はすごくしんどいですけど、練習がしんどくて試合のほうが楽だと思わせてくれるのは初めての感覚」。

まさに120％の原理なのだ。バレーボールでは、ネットを高くして練習するチームが多い。高校バレーで二度の三冠を達成した蔦宗浩二《つたむね》先生は、著書の中で、「あえて外コートの練習を週に何日かは必ず行う」と話している。外は風や眩《まぶ》しさがあり、天井はない。これにより、大きな体育館特有の気流の変化、テレビ中継の眩しさなど、微妙な変化に皮膚感覚での対応ができるという（『日本一への挑戦』バレーボールアンリミテッド刊より）。

必要以上の120％の周到な準備、「練習のほうが楽」と思えるような難しい条件を重ねることで、初めて目標が達成できるのである。

point

現実は目標の80％くらいしか達成できない。だから120％を目指す。

68

「もうムリ」「ここまで」と自分でリミッターをかけていないか？

自身の限界を突破する

命の危機や緊急事態に直面したとき、人間は考えられないようなパワーを発揮することがある。いわゆる「火事場の馬鹿力」だ。これは科学的にも証明されている。

人間は、通常は能力の2〜3割で活動している。常に100％の力を出すと筋肉や腱、骨などに大きな負担がかかり、エネルギーも莫大に消費する。体がボロボロになってしまうのだ。そうした危険を回避するために、脳のリミッターが働き、力を抑制しているのである。急時には、このリミッターが解除されて「肉体的限界」を突破する。こうして本来もっている100％のパワーが発揮されるというわけだ。

人間の体には「肉体的限界」と「心理的限界」がある。

「肉体的限界」は、アドレナリンの分泌など「生理的要因」が関係しているため、自由にリミッターを外すことはできないが、「心理的限界」は突破できる。

自己採点

点｜100点

心理的限界とは、簡単にいうと、「もうダメ」「ムリ」「限界」と思うこと。

では、心理的限界は、どうしたら外すことができるのか?

そこには、指導者の力量や周囲の力量が大きく関わっている。競技によって違うが、「追い込み」と呼ばれる練習がある。走り込み、打ち込み、投げ込みなど、量を課した練習だ。

たとえば、この練習で、**選手が「もう限界」となったときに、「もうひと踏ん張り」をどう引き出すか。**周りの応援、指導者の励まし、ときには喝などによって、「うりゃー」「ちくしょー」などの声とともに、「心理的限界」の解除スイッチが入るのである。

スイッチを入れられずに厳しい練習をすれば、単なる「しごき」になる。もちろん、暴力を用いて強要するのは犯罪だ。このギリギリのところで、**選手のリミッターを外し、能力を引き出す。**これができる指導者なら、選手は限界を少しずつ突破しながら成長していく。

そこには、**選手と指導者の信頼関係が不可欠だ。**指導者は選手に敬意をもって接する。選手も指導者を信じる。こうした関係を利用して限界突破を試みる必要がある。

point

「もうムリ」と思ったところから、もう1本やってみる。

69

嫌われる勇気をもつ

集団の中で、人の後ろに隠れるようなポジションを取っていないか？

自己採点

点｜100点

授業をしていると、学生のやる気は明らかにわかるものだ。たとえば、前方に座る者からは「今日はどんな話が聞けるだろう？」「いい点数を取ってやろう」という気持ちが伝わってくる。事実、ノートを熱心に取ったり、質問をしてきたりしてポジティブだ。

反対に、後方に座る学生は、「つまらない」「聞く気にならない」というのが見え見えだ。スマホを見たり、隣の学生とおしゃべりしたりして、ネガティブさ全開だ。

部活でも同じことがいえる。なんらかの「ネガティブな気持ち」がある選手は、目立たないよう人の後ろに立ったり、目を伏せたりする。本人は隠しているつもりかもしれないが、やる気のなさや、自信のなさが、丸見えなのである。

中には、やる気はあるが、性格的におとなしいとか、引っ込み思案の者もいる。競技スポーツは「勝つか負けるかの世界」であり、ガツガツと出るタイプは有利なのだが、「前に出る」のが苦手な選手も一定割合いるのである。

そのような選手は、「人に弱いタイプ」だ。

常に人の顔色をうかがい、「自分はどう思われているか」を心配していたり、「こんなことをいったら否定される」とネガティブに考えたりしてしまう。

人間の性質は一朝一夕にできたものではないので、修正するのは簡単ではない。

だが、心当たりのある人は、こんなふうに考えてみるといい。

世の中のことは、ほとんどが賛否両論だ——。

何事にも「積極性を表す行動」を取ることが大切だ。だがその行動や態度をすべての人が「よい」ととらえてくれるとは限らない。「ネガティブな評価」をする人も一定数いる。

しかし、アスリートである以上は、ネガティブな評価を気にするのではなく、どのような状況であろうが、積極的な姿勢で行動を起こすのだ。それを当たり前にするようになると、あなたの行動によって、周囲からもよい影響を引き出せるようになる。

＼point／

周囲からの評価を気にしない。自ら動いてその評価を変えてみよう。

70

コミュニケーションの一つひとつを丁寧に行っているか？

キャッチボールを大切にする

私がいったことに対して、「わかりました」と返事をしながら明らかな不満の態度を表す選手がいる。「ん？」という顔をしたり、下を向いたり、声にとげを含ませたりして、やんわりと不満を見せるのだ。**「いちおう返事はしたけど、納得したわけではないからね」と伝える作戦**なのだろう。しかし、その伝え方は間違っているし、自分の幼稚さを示すだけである。**建設的でなく、ただ単に感情的なのである。**

キャッチボールで考えてみよう。

人と人とのコミュニケーションは、まずAさんがボール（言葉）を投げるところから始まる。次にBさんがそのボールを受け止める。今度はBさんがボール（言葉）を投げ、Aさんが受け止める。これが正しい「キャッチボール＝コミュニケーション」だろう。

だが、先の例では、Aさんがボール（言葉）を投げ、Bさんはグローブを出して、いち

自己採点

点 ｜ 100点

おう捕る真似はしたけれど、スッとよけてスルーした、というのに等しい。

Aさんの投げたボール（言葉）だけが、後ろにコロコロと虚しく転がっていく。

これではキャッチボール＝コミュニケーションとはいえないだろう。ボール（言葉）はいわゆる「放りっぱなし」になり、「いったけどやらない」という状態になる。

その先にあるのは、イライラ、不仲、停滞、低迷などのネガティブな事象ばかりだ。

Bさんは、まずはボールをしっかりキャッチして、それから「それは違うと思います」とか「こういうやり方もあるのでは？」と投げ返すのが、正しいコミュニケーションなのだ。

そうやって建設的な態度をとってこそ、あなたもチームも前進できる。

もしも、あなたがBさんのような態度に思い当たるなら、すぐに改めるべきだ。

キャッチボールは野球でいえば基本中の基本だ。基本がへたなら野球は成立しない。

コミュニケーションも同じだ。**基本中の基本である「言葉の投げ・受け」がへたなら人間関係は成立しない**のだ。**一つひとつ丁寧に行うことで、盤石なものが築かれていく。**

point

しっかりと言葉を受け止め、しっかり投げ返す。一つひとつ丁寧に。

71

手間ひまかけることをいとわない

合理性や要領ばかりを求め地道な積み重ねをバカにしていないか？

自己採点

点｜100点

「1万時間の法則」というものがある。アメリカのジャーナリスト、マルコム・グラッドウェルの『天才！成功する人々の法則』の中で紹介された法則で、**「何事においても、その分野のエキスパートになるには1万時間を必要とする」**というものである。

この法則の根拠となったのは、アメリカの心理学者、K・アンダース・エリクソンによるベルリン音楽アカデミーでの調査である。調査対象は「世界的なソリストになる可能性をもつ超優秀な学生」と「そこまではない優秀な学生」と「ふつうの学生」の3グループ。それぞれの「これまでの総練習時間」を調査したところ、「超優秀グループは1万時間」、「優秀グループは8000時間」、「ふつうグループは4000時間」だったことがわかった。同じような調査をピアニストにも行ったところ、やはり同様の結果が得られ、「ある分野で世界レベルに達するには、1万時間の練習が必要である」と、結論づけられたのである。

時間をかけずに「要領よくやる」とか「効率的にやる」というのは一見耳当たりがいいが、能力を身につけたり高めたりするのに効率的なものなどない。

ある高級寿司店では修業を始めてから最低10年は寿司を握ることができないそうだ。その間に親方や先輩の握りを見て、こっそり食べて、寿司職人としての感性や感覚、技を磨いていく。スポーツの世界も同じだ。**人知れぬ努力を積み上げた者だけが本物になる。**

２０２０東京オリンピックでは、さまざまな競技の努力が紹介された。新体操団体の日本代表は（コロナ禍以前）年間約３６０日の合宿生活と１日９～10時間の練習をつづけた。アーティスティックスイミングの吉田萌《めぐむ》選手も、多いときは１日10時間の練習をした。女子バスケットボールの林咲希《さき》選手は、決勝戦後、後輩たちに向けて「自分は練習量でここまでできた。（みんなも）たくさん練習をやってほしい」と、メッセージを送った。

元プロバスケットボール選手のケビン・ガーネットの、こんな言葉が私は好きだ。

「試合で戦う時間は短い。自分と闘う時間が勝負を分ける」

＼point／

アスリートの道に「近道」はない。

72

選択肢や答えを自分で悩まず簡単に人に求めすぎていないか？

答えは自身で見つけ出す

自己採点

点｜100点

現代は、スマホ片手に勉強をしている子どもが多いと聞く。「Google先生」なる言葉があり、辞書や教科書で調べ物をせず、スマホで調べて「ハイ、終わり」となる。便利な世の中だ。こうした影響なのか、なんでもかんでも安易に答えを聞きにくる選手が増えた。

指導者は指導するためにいるのだから、わからないことを聞きにくるのはもちろんかまわない。ただし、聞きにくる前に、自分の頭で考えたのか？　自分の体を使って答えを探ろうとしたのか？　ということが、このあとで大きく成長するか否かの分岐点となる。

私は現役時代、何度も「あれっ、急にできるようになった」という経験をしている。試してダメ、再び考えて試すけどダメ、そんな「トライ&エラー」を何度もくり返した挙げ句、突然、「できた！」「わかった！」「これだ！」という瞬間に出会えることがあった。

誰かに聞けば答えは出るだろう。だが、それは頭でわかっただけである。スポーツでは、

体でわかって、初めて本当の答えにたどり着くのである。

その答えだって、次の瞬間には、消えてしまうことがある。だからこそ、**必死に考え、トライする**のだ。そうやって、**自分の体に「答え」を蓄積していくのである。**

プロ野球に「本物のコーチ」と呼ばれた人がいる。田中将大《まさひろ》選手やダルビッシュ有選手をはじめ、数々の名投手を育成した佐藤義則さんである。

スポーツライターの永谷脩《おさむ》さんが書かれた『超一流の育て方』には、指導者として「目からウロコが落ちる」ような「佐藤コーチの教え」が満載だった。

佐藤さんは「選手を指導するには、結果を急いでは駄目だ」「そのためには、相手が相談に来るまで待つことも必要だ」と考えているという。佐藤さんの言葉でこの項を締めたい。

本人が納得した形で練習に打ち込まなければ、決して本人にはプラスにならない、こっちもコーチ生命をかけるのだから、相手も真剣にぶつかってくれなければ意味はない。（KADOKAWA刊／中経の文庫より）

point

自ら考え、悩み、手に入れたものが本当の力になる。

73

ハードワークをいとわない

とことんやり切る前に「これはダメだ」とあきらめていないか？

自己採点
点 ｜ 100点

最近、長友佑都選手が、ヨーロッパのトップレベルのサッカーリーグから日本のJリーグに復帰した。自身の出身チームである「FC東京」に復帰したわけだが、そのときのコメントが目に留まった。長友選手は、練習初日に、選手たちの練習への取り組みが甘いと感じたのだという。「正直ぬるいなと思った」と、かなり辛辣《しんらつ》な言葉で表現している。

「ぬるい」とはいっても、プロの選手たちであり、それなりには取り組んでいるはずだ。だが、ヨーロッパのトップレベルを駆け抜けてきた長友選手からすると、そのやり方、取り組み方は不十分に思えたのだろう。そして、その思いを、これからチームメイトになるメンバーに突きつけたわけだ。長友選手はこのインタビューで、ヨーロッパでもがき苦しんだときの自身の取り組みについても語っていた。「うまくなりたい」という気持ちが**自身を突き動かし、チームトレーニング以外の時間に自主トレーニングを重ねた**のだという。そこには合理主義や理論とは異なるハードな取り組みを重ねた自分がいた、と。

ハードワークには大きなエネルギーが必要だ。肉体面だけではない。自分を追い込み、体を酷使する。それをする、あるいはそこから逃げないためには**莫大な「心のエネルギー」が必要**なのである。長友選手がいうように「うまくなりたい」という気持ちもエネルギーの源泉となるだろう。だが、私は「環境」も大きいと考えている。長友選手がいた場所は諸外国のトップ選手が競い合う戦場なのだ。甘い練習やぬるいトレーニングをした時点で負けだ。過酷な環境を生き、勝ち上がるには、自らハードワークを求めるしかないのである。自身に突きつけられる現実を直視し、受け止めて、はね返す。何百、何千回と実際にそれをやり切ってきた長友選手の言葉には、真実だけが語れる重さがあった。

私は改めて、**ハードワークをくり返すメンタリティーこそがアスリートの最大の武器なのだ**と教えてもらった。「ハードワークをやり切った先に見える世界をいっしょに見よう」。長友選手は、新たな日本のチームメイトに、そういいたかったのかもしれない。

point

真実は、自らのやり切った体験からしか生まれない。

74

失敗したときに、逃げずにしっかりと向き合っているか？

照れ隠しや苦笑いでごまかさない

うまくいかなかったときに、照れ隠しで苦笑いしたり、おちゃらけてごまかしたりする選手がいる。厳しい言い方だが、真剣度が低いのだと思う。もちろん、手を抜いているわけではないことはわかる。だが、真剣にやっている「つもり」なのだ。

真剣に取り組んでいる以上は、**やはり失敗に対して、きちんと反省すべきである。**当たり前だが、そのためには、「○○だからうまくいかなかった」という敗因の分析だ**けで終わらないこと。**そして、「**○○だから失敗した。だから次は△△する」という具体的な方策を決めて、次の機会には確実に実行すること。これしかないのだ。**

大学スポーツをやるようなアスリートは、これまで順風満帆できたのだと思う。このため、失敗を極度に恐れるのかもしれない。先の照れ隠しも、それが原因なのだろう。

だが、人生に失敗はつきものである。そこに向き合わなければ明日はないのだ。

自己採点

点　100点

私も50代になった。だから実感としてわかるのだが、人生はうまくいかないことだらけだ。これをすべて「失敗」ととらえて落ち込んでいたら身がもたない。そんなときに、素晴らしい言葉に出会った。相田みつをさんの「受身」という作品である。

相田みつを美術館の許可をいただくことができたので、紹介しておきたい。

受身

柔道の
基本は受身
受身とは
ころぶ練習
まける練習

人の前にぶざまに
恥をさらす稽古

受身が身に
つけば達人
まけることの尊さが
わかるから

みつを

「相田みつを 肩書きのない人生」（文化出版局刊）より
©相田みつを美術館

競技スポーツは、誰もが勝つためにやっている。だが、同時に負ける練習でもあるのだ。負けて、そこから強くなる練習なのだと思う。そのくり返しで、アスリートは強靭《きょうじん》なメンタルと肉体、磨き抜かれた技を身につけるのである。
どうか、負けから目を背けず、正面から向き合ってみてほしい。

point

失敗から目を背けない。負けが君を大きくする。

5章

結果を出す運動習慣

75

自分の動きの原理を意識しているか？

身体操作能力を高める——その1

自己採点

点｜100点

どんなスポーツにも、競技に特有の技術がある。アスリートの多くは、この「技術」にとらわれがちだが、技術を獲得・向上するには「自分の体を操作できる」ということが前提となる。これを「身体操作能力」とか「コーディネーション能力」などという。

よく「運動神経がいい」という言葉を耳にするが、厳密にいうと、これは正しい言い方ではない。「運動神経」という特別な神経はないからだ。正しくいうなら「コーディネーション能力が優れている」なのだ。コーディネーションとは、次の7つの能力からなる。

アスリートは自分の動きを客観視する必要がある。そのためには「身体操作能力とはどのようなものか」という視点から、**体の動きの「原理」を知っておくことも大切**なのである。

①**定位能力**：相手やボールなどと自分の位置関係を正確に把握する能力

例）ボールの落下地点に正確に入れる／相手との間合いをつかむ

②**反応能力**：合図に素早く、正確に対応する能力
例）瞬時にスタートが切れる／速いボールに対して体が動く
③**連結能力**：関節や筋肉の動きを同調させたり、動きと動きを連結させたりする能力
例）助走、踏切、跳躍がスムーズにできる／移動、捕る、投げるがスムーズにできる
④**識別能力**：手や足、用具などを精密に操作する能力
例）ラケットを狙い通りの軌道と速度で振れる／強弱や緩急をつけて道具を動かせる
⑤**リズム能力**：動きを真似したり、動きの強弱をつけたり、タイミングを計る能力
例）ダンスのステップが軽快に踏める／ドリブルやパスがタイミングよくできる
⑥**バランス能力**：不安定な姿勢でも、プレーを継続する能力
例）スケートボードやスキー板に乗る／体勢を変化させながらドリブルができる
⑦**変換能力**：状況に合わせて、素早く動作を切り替える能力
例）バウンドが変わったボールを捕球する／相手の動きに合わせて動く

point

いわゆる「運動神経がいい人」はこの7つの能力が優れている。

76

身体操作能力を高める――その2

決まりきった動きをすることで満足してしまっていないか？

自己採点

点｜100点

身体操作能力（コーディネーション）の「7つの能力」は、複数の能力が複雑に関連している。**多種多様な動きを、くり返し行うことで多様な「神経回路」がつくられ、それぞれの回路の連携がより強く、よりスムーズになり、7つの能力が総合的に、そして相乗的に高まっていく**のである。ここでは、身体操作能力を高めるためのポイントを3つ挙げた。あなたの習慣として、日々の中に取り入れてみてほしい。

その1　多種多様な動作を取り入れる

毎日一つでいい。新しい動きを取り入れよう。うまくできなくていい。神経系を刺激することが目的なのである。「練習中はムリ」という人も、練習前や練習後ならできるだろう。きちんとしたトレーニングである必要はない。たとえば、いつもと歩幅を変えたり、違うリズムで歩いてみる、食事を左手で食べるなど、遊び感覚で行えばいい。

その2 「トライ&エラー」をめげずにくり返す

動きは1回で獲得できるものではない。「トライ&エラー」をくり返す中で、各能力の連携が強化され、スムーズに動けるようになっていく。苦手な運動を避け、失敗するとすぐにやめてしまう選手がいる。だが、そもそも運動は、複数の動きや能力の組み合わせである以上、1回ではできないことがふつうなのだ。失敗もトライも恥ずかしいことではない。

その3 自分の動きを客観的な目で見る

自分の動きを鏡に映してチェックしたり、動画で確認したりすることによって、「感覚」と「動作」がリンクし始める。脳と体の連携を高めるための大切な作業だ。今はスマホという便利な道具がある。これを練習に活用しないのはもったいない。

point

「運動は脳が行っている」と考えると、いろいろなことが見えてくる。

77

高度な技だけでなく基本的な動きを大事にしているか？

体の使い方を見直してみる

一般的に、人間の神経系の発育は5歳までに80％、12歳までに100％近くまで完成するといわれる。9〜12歳がその最盛期で、動きをどんどん吸収し、グングン上達することから「ゴールデンエイジ」の名がついた。**これ以上の年齢は伸びない、と思われているが、それは大きな誤解だ。**事実、私のチームでは、大学に入ってから身体操作能力が飛躍的に高まった例も多い。多くのチームがマシーンをはじめとする「筋トレ」には熱心なのに、「神経トレ」をしないのは、この誤解があるからではないか。もったいないことだと思う。

神経系トレーニングの具体的な内容については、この本では言及しないが、どんなスポーツも、難しい技や複雑な動作の土台となっているのは、次の6つの動きだ。

①走る　②とぶ　③投げる・捕る　④回る　⑤ぶら下がる（握る）　⑥蹴る・止める

自己採点

点｜100点

そして、スポーツの動作を大別すると、**「体のバランスをとる」「移動する」「用具を操作する」「体を支えもち上げる」**という4つの基本的な動きになる。

体操のひねり技も球技の連続動作も「基本的な動き」が組み合わさってできるのだ。

基本的な動きは、小さいころからの「遊び」や「生活」の中で身につくものだが、近年はその機会や環境が減少している。体育を仕事にしている身としては、ちょっと心配だ。

何事もそうだが、狭い土台に高く積み上げようとしても限界がある。スポーツも同じで、**専門能力を高めたり、競技力の水準を上げたりしようと考えるなら、土台を大きくして、高く積み上げられる状態をつくることが肝要**だからである。

次ページに、子どものころに獲得しておきたい主な動きを紹介した。

あなたは、これらの動きを、正しく、素早くできるだろうか？

練習や生活の中で「基本的な動き」を意識してみてほしい。複数を組み合わせてトレーニングにするのもよい。意識して動くことで「運動の土台」は、今からでも広げられる。

point

高度な技も分解すれば、基本的な動きの組み合わせでしかない。

体のバランスをとる動き

自分を支えもち上げる動き

体を移動する動き

用具を操作する動き

78

柔軟性を高める

筋肉の最適なコンディションをしっかり意識し整えているか？

柔軟性を高めることは、可動域が広がるということ。可動域が広がれば、体の使い方がより大きくなり、ダイナミックになる。ただし、可動域には種目特性があるので、自分の競技に必要な部分をわかったうえで、柔軟性を高めるのが効果的である。

たとえばバレーボールは、肩回りの柔軟性の高さは求められるが、足首の関節はそれほど柔らかくなくてもいい。しかしサッカーでは、ボールを足で扱う際に、足首の関節の柔軟性が高いとボールタッチが柔らかくなる。このように、**なんでもかんでも柔らかくするのではなく、種目特性に基づくことが重要**なのだ。

柔軟性が高く可動域が広いということは、ケガの防止にもつながる。プレー中にムリな体勢になったときでも、可動域が広いとリカバリーがしやすい。

また、筋肉は疲労すると硬くなり、伸び縮みがスムーズにできなくなる。すると、部分

自己採点

点｜100点

的に大きな負担がかかり、肉離れを起こしたり、筋肉と骨をつなぐ腱が切れたりする。

学生の中には**「力任せの柔軟体操」をしている者がいるが、あれはやめるべきだ。**関節を痛めてしまうからである。**基本はやはりストレッチだ。筋肉を伸ばすというより、筋肉への血流を増やすのだ。**前述したように、筋肉を良好な状態に保つには、たんぱく質を適切に摂り、修復力を高めること、お風呂につかって深部まで温めることも大切である。

研究によると、反動利用せずにゆっくりと筋を伸張する「スタティックストレッチング」で伸張時間が90秒以上になると、筋力やパワーが低下し、そのため、ジャンプ力などに低下が見られるとの報告がある。反対に、動作によって筋肉を伸ばし、関節の可動域を広げる「ダイナミックストレッチング」を行うと、ジャンプパフォーマンスは低下せず、どちらかというと向上させる傾向があったという研究結果もある。「今やっている方法が本当にいいのか」という視点をもって取り組んでほしい。筋肉の状態を整えようと行っているものが、逆に悪影響をおよぼしているかもしれない点に注意が必要だ。

point

筋肉はただ柔らかくするのではなく、力を発揮できる状態に整える。

79

専門以外の運動をする

目の前のことにとらわれすぎて視野が狭くなっていないか?

私の時代に比べ、現代の子どもは、幼児期から競技スポーツを志すようになった。ずっと同じスポーツをやり、中にはずっと同じポジションを任される選手もいる。おかげで、低年齢から世界で活躍するスーパーアスリートも出てきた。だが、そうした一部を除くと、**多くの選手は途中で伸び悩む。理由は、能力が偏ってしまうため**だ。

この章でコーディネーションの話をしたのは、偏重主義に危機感をもったからなのだ。

ブラジルのバレーボールチームの話を紹介したい。ブラジルは、長らくバレーボールで成功している国である。それは、単に体格やパワー、身体能力に恵まれているだけでなく、選手の育成方法に、その理由があるのではないか、というのが私の推測だ。

ブラジルでは、16歳くらいまでは「すべてのポジションを経験させる」という指導法なのだ。この点、一つのポジションを長期間経験して技術を伸ばす日本とは、まったく逆の

自己採点

点 | 100点

発想である。ブラジルチームのすごさをひと言で表すなら「対応力の高さ」だ。オールラウンドに上手な選手が多いのだ。そこには育成方法が影響していることは間違いない。

水泳の北島康介さんのエピソードも紹介しておこう。『前に進むチカラ』（文藝春秋刊）という彼の著書で読んだ。北島さんは、北京オリンピックのあとに10か月ほど競技から離れた。その後、アメリカの南カリフォルニア大学競泳チームの練習生として活動を再開したのだが、そこではこれまでやったことのない練習が取り入れられた。たとえば、ビート板の上に立って手だけで前に進むとか、両手に違うサイズのボールをもって泳ぐなど、一見遊びのようで、何を鍛えているのか意味がわからない練習もあった。だが、翌日は起き上がるのもつらいほど、体に効いていたりする。最初はそんな奇抜な指導法に戸惑っていたが、次第に「自分を進化させてくれるのではないか」と思ったのだという。

狭い土台に何かを高く積めば崩れやすい。**専門能力を磨くのも大事だが、他のスポーツやポジションを経験することもまた、自分の土台を広げるために必要**なのである。

point

能力を高く伸ばしたいなら、専門以外のことにも挑戦してみよう。

80

空間認知の能力を上げる

脳がマンネリになっていないか？ワクワクする工夫をしているか？

自己採点

点　100点

バレーボールは屋内競技だ。だがコロナ禍で、密閉空間を避けるために屋外で練習していた期間がある。そこで思わぬ収穫があった。「スパイク時のボールをとらえる能力」が上がったことである。バレーではそれを「ミート」と呼ぶ。「ジャストミート」のミートだ。

体育館は壁や天井がある空間だ。選手は無意識のうちに、物体を目安にしてボールとの距離感を測っていたのだろう。ところが、屋外にはその目安がない。頼りになるのはボールとの距離感だけだ。

屋外に出たことで、選手は「空間認知」のスタイルを変える必要性に迫られたのだ。**空間認知のスタイルの傾向には、大きく分けて二つある。「場独立型」と「場依存型」**だ。場には関知しない独立した認知スタイルをもっているのが「場独立型」。体操種目の選手などはこの傾向が強く、器具と自分との直接的な距離感の中でプレーする。

いっぽう、その状況に依存した認知スタイルをもっているのが「場依存型」。バレーボールなど、ボールゲームの選手には、この傾向が強い。ところが、**バレー選手の中でもトップ選手は「場独立型」に近い人が多くなる。**これは研究でわかったことだ。その選手の認知スタイル傾向をつかみ、練習法を変えると、より結果を出しやすくなるのである。

さて、あなたの認知スタイルはどうだろうか？　競技の特性もあるので一概にどちらがいいとはいえないが、**「空間認知」を刺激することが、能力の向上に寄与するのは確かだ。**

たとえば、コートのサイズを変えてみる。ボールの大きさを変えてみる。

サッカーではゴールを小さくする。野球なら遠投してきたボールを打つなど……。

対象物のサイズや距離を変えることで、いつも通りの目測ではジャストフィットできなくなる。その中で、フィットする能力を磨いていくわけだ。もちろん、屋内の競技なら外で練習するのもいい。つまり、**脳を刺激し、ふだんは眠っている脳の新たな可能性を引き出す練習**なのだ。脳は新たなことにワクワクする。練習の中で、脳を喜ばせてみてほしい。

point

距離感を変えてみるだけでも、脳は新たな刺激に能力を発揮し始める。

81

質にこだわる

データに表れない部分にまで精度を追求できているか?

私のチームは大学の1部リーグにいる。多少の違いはあるが、どのチームも優秀な選手の集まりだ。そして、どこも似たような練習をしている。大学生なので、中学・高校の一部に見られるような「スパルタ式」はない。多くは「自主性」を尊重した練習だろう。

その中で、何が勝敗を分けるのか?

どんなチームが勝ち、どんなチームが負けるのか?

私は「意識の差」なのではないかと考えている。

こういうと「精神論かよ」と返されそうだが（笑）、それでもやはり意識なのだと思う。

1日の練習で100本のレシーブをしたとしよう。週5回、1年間で260日練習したとすると、2万6000本のレシーブをすることになる。たとえば、1本1本に「高い意識」をもち「数センチ単位の精度」を求めた人間と、「だいたいこの辺」と返している人間とでは、

自己採点

点 | 100点

1年後にはとんでもない差になることは明らかではないか。

「意識の差」というと、途端に説教がましい言い方になるが、ようは、**どこまでのイメージをもち、どこまでの精度を求め、どこまでそれを感覚として「詰めたのか」**なのだ。

どこのチームも試合ではデータを取るだろう。たとえば、スパイクをどこに何本打ちどこにどれだけ決まったか、サーブレシーブを何本受けAパス何%Bパス何%というものだ。数字はウソをつかないので、そのデータは優れた目安にはなる。だが、やはり「詰めている」選手は、データにのってこないところにも「詰めている」ものが存在する。

実際のゲームをイメージし、スパイクレシーブがピタッとセッターに返った、トスが乱れてもコースに打ち切れた、ということまで「詰めている」。この意識の差が、実戦に表れないはずがないのだ。

先日も、ある選手に注意した。ブロックにとんで、スパイクを打つという、よくある練習の際の出来事だ。スパイクを打つには、ブロックのあと、助走に下がるのだが、この選手はブロックを適当にとんでいた。お恥ずかしい話だが、以下は、私と彼との会話である。

「それ、違うだろ！　俺がなんで注意するかわかる？」

「はい、すみません。ちゃんとやんなきゃいけないと思います」

「いやいや。ちゃんとやるとかやってないとか、そういうことをいってるんじゃないんだ。どこまで意識して動いているかって話をしてるんだよ。君は試合中、全力でブロックをとぶんだよね。そこから着地して、判断して、準備して、ジャンプして、どこに打つかを考えてスパイクを打つ。実際にはこれだけの工程があるんだよね。これを全部やり切って、やっと1本決まるか決まらないか、なんでしょ？」

どのチームもブロックもするし、レシーブもするし、トスも上げるし、スパイクも打つ。そして、その**一つひとつのプレーの間に存在するものがある。その見えないプレーにも確かな精度を求めて、どれだけ「詰めているか」が、1本1本の成否に関わってくる。そして、その1本1本の成否の積み重ねが1点になり、最終的には勝敗を分けるのである。**

彼が手を抜く人間でないことはわかっている。だが、手を抜かせてしまう「何か」があるのだ。そうしたこともすべて受け止め、相手を上回ることをした者が勝つ。スポーツというのは、だから過酷なのだ。だから、アスリートは強くなれるのである。

point

その1本、その1球への意識の差は、あとからでは決して埋められない。

特別対談

栗山英樹×髙橋宏文

栗山英樹：1961年生まれ。東京都出身。創価高、東京学芸大を経て1984年ドラフト外でヤクルト入団。3年目後半からレギュラーに定着、89年にはゴールデン・グラブ賞を獲得。90年現役引退。2012年北海道日本ハム監督に就任し予想を覆す快進撃で1年目から優勝。識者の反対をはねのけ大谷翔平の二刀流を促進。16年にはチームを日本一に導く。

――この特別対談では「結果を出す習慣」をテーマに、プロ野球の世界で戦う栗山英樹監督と大学生アスリートを指導する髙橋宏文教授に意見をぶつけてもらった。話は本書の大きなキーワードでもある「同じ努力をしていても、結果に差が出るのはなぜか？」ということからスタートした。

栗山　同じ環境、同じ努力をしていると仮定したうえで僕が思うのは、その人にとって本当に必要なことだと思う努力を「どれだけ本気でやっているのか」というのがまず一番。そして「どれだけ考えてやっているのか」。

そこの意識で、すごく差は出るのかなと思います。もう一つは、これはちょっと大きくとらえすぎかもしれませんけど、なんか「その人の生きざま」みたいなものも関係しているのかなと。やっぱり自分のことばっかり考えている選手って周囲も助けてくれないですし、運も回ってこない。

「野球の神さま」って言葉を僕はよく使いますが、日々の積み重ねによって得られた力が助けてくれるときが絶対にある。だからこそ、ふだんの生活の中から、誰かのために何かをやりたいとか、言葉をかけるなどの行動が、つながってないようでつながっている。監督を長くやるほど、そう思うことが増えました。

だから朝起きて会った人に笑顔で「おはようございます」と自分からいうことにしています。それはもう習慣になっていますし、何気ないことかもしれませんが、大切なことだと思っています。先生のこの本でもそういった部分を書いてくれていますよね。

髙橋　まさにその通りで、私は心が人の行動をつくり、行動が人の心をつくると考えているんです。「人として」「社会をつくる一人として」の成熟がなければ、本当の意味でのアスリートとはいえないですから。

ほかにも日々の生活の中で必ず行っている習慣はありますか？

栗山　札幌ドームにある僕の監督室の黒板には「あいさつ勝」という言葉が書いてあります。選手たちに私からあいさつする。「なんでアイツはあいさつしないんだよ」って思うのって嫌じゃないですか。だったら、こっちから、もうしちゃおうと（笑）。

それと、できていない選手にも結構いうことですが、席を立ったら、ちゃんと椅子を中に入れること。実際の試合で一瞬ボールから目を切ってしまったことですごくもったいないミスをしたりする選手がいますが、これって最後まで常にやり切る習慣を何か一つでも二つでもいいからつけておくことで防げるミスなんじゃないかなと。日常の些細なことがじつはプレーにもつながっているというか。

あいさつが典型的な例ですが、選手たちに求める前に、まずは自分自身がやっていこうと、いつも考えてやっています。本当に心の中の田んぼを耕すような感覚というか。

髙橋　やっぱり心が行動をつくるんですね。その人の考え方や、物事のとらえ方にもなる。

僕は大学というカテゴリーでのアスリートたちと日々向き合っていますけど、この部分って、技術的なこと以上に大事なことだと思っています。

栗山　先生のいわれたことに同感です。僕はそもそも選手に野球を教えていないので。本当に人づくりだけ。もうそこに専念している。

人が成長すれば、技術もそうですが、練習のやり方も自分で見つけられるようになる。その手伝いをすることが僕の一番の役割だと思っているんです。だから選手たちに技術論はほとんど話さないです。監督がいうと「使う、使われない」とかになっちゃうので、その部分はコーチにすべて任せています。

監督になって、10年間でいろいろな変化は自分の中でありましたけど、根幹の「人をつくる」という部分はまったく変わらないですね。

髙橋　日々のちょっとした仕草やクセなど、そういう小さなことが、結局はその先にある態度や行動につながっているのですが、そこに気づける人と、気づけない人がいます。あるいは気づかせようとして、そういう話をしても、「は？　何いってんの」となる子って結構多いと思うんですね（笑）。

そんなタイプの選手に対して、栗山さんはどのようにアプローチされていますか？

このあたりって、指導者の人たちにとっては大きな課題の一つだと思うのですが。

絶対に人は変われる

栗山　そこは僕自身も正直まだまだできてないですね（苦笑）。２０２1年はとくに、いろいろとチーム内のことでありましたけど。

ただ、人によって「変われる時間が違う」とはいつも思っています。たとえば、少しずつは進んでいるけど、周囲から見たら全然変わってないと思われたり。そもそも、育ってきた環境もみんなそれぞれ違うわけで、人によって成長の時間は絶対違いますから。

それでも、いつも選手たちにいいつづけているのは「俺は絶対にあきらめないからね」ということ。「絶対に人は変われるから」といいつづけています。もちろん10年間変わらないこともありましたけど。それでも、そこはあきらめないでやっていこうと。

「人は必ず変われる。変われる大きなきっかけを与えられてないだけなんだ」と信じているので。そこだけはこっちが粘り負けしないようにと、いつも強く思っています。

髙橋　きっかけづくりってすごく難しいですよね。本当に押したり、引いたりで。大学で教えていても、結局4年間気づかないままで卒業して、ダメだったなと思わせられることも多いです。それでも「この子とはもう卒業したら一生会わないんじゃないかな…」と思っていた子が突然訪ねてきて「あのときは気づきませんでしたけど、ありがとうございました」といわれたこともあって。本当にいつどう伝わるのか、どうやって伝えるのか。僕自身もまだまだ模索しながら、勉強していかないといけない点だと思っています。

栗山　本当にずっと勉強していかなくちゃいけない部分ですね。僕なんかは「別に今は気づかなくてもいいや」と思うこともある。

でも、もしかしたら野球では結果が出ないかもしれないけど、彼の人生にとって何か一

つでもプラスになってほしいという部分も考えて声は掛けているというか……。それに全部が全部を変えられるほど僕はたいした人間じゃないし、そんな力もない。

ただ、なんとかこの選手を変えてやりたいという熱さだけは忘れてないですし、人間って熱さでしか動かないなというのは、なんとなくこの10年でわかってきて。たとえそのときは伝わらなくても、こっちが100%の熱さを選手に伝えられたかということのほうが僕にとっては大事なことなんですよね。

熱さは必ず伝わる

高橋　その「熱さ」というのを、今の若者はときとしてネガティブにとらえることもあるじゃないですか。プロ野球選手たちは、そんなことはないですか？

栗山　やっぱりちょっと斜に構えますね。とくに若い子は。ただ、そのときはさほど反応がなくても、必ずどこかでは伝わっている。

これは監督を長くやらしてもらっているからこそわかることで。「あのときは、なんかムチャクチャだったかもしれないけど、熱くぶつかったことに関しては決して悪いことではなかった」と思うこともありました。ときには考えすぎて、距離を取ってしまったこともあったんですけど、今は決してそういうことがないようにとは思っています。

その熱さだけはバカにされても、何をいっちゃってるのといくら思われてもいいので。大事なのは、その熱さというものに、若い子の意識が少し向くだけでもいいのかなと。

高橋　その熱さの一端が、先ほどのあいさつを自分のほうからいっちゃうところにもつながるんですね。「距離を縮める」という点では年齢が上がるほど受け身になりがちです。
でも自分から向き合うことで相手に熱量を伝えたり、わかり合える距離感をつくり出せたり、そういうものにつながるんだなと……。栗山さんのお話を聞きながら思いました。

栗山 僕は理論的なことはわからないんですけど、人って心の中に綺麗《きれい》なものがある。だけど、とくに若いころって、いろんな理由でそれを出せないとか、思えないことがある。でも、こっちが本気でぶつかっていけば、何かが変わる。僕のほうが年を重ねているので、若い子が斜に構えてしまう感じもすごくわかるんです。そこに関しては「真っすぐになれよ」と思うのか「オマエも苦しいよな…」って思ってあげられるのか。そこは長く監督をやらせてもらったことで、いろんな角度から受け止め、思えるようになりましたよね。

髙橋 そういう栗山さんのメンタルコーチングもある意味、習慣といえますよね。

栗山 僕は先人の知恵というか、昔の人たちの言葉や本にすごく救われてきた。本当に自分が苦しいときとか、そういうタイミングで良い言葉に出会うんですよ。２５００年も前を生きた孔子さんにヒントをもらったり。だから、選手たちにも僕が感銘を受けた本を渡すんです。生き方がどうとかを話しすぎると説教くさくなってしまうので。
それよりは本をポンと渡して、あとは受け取った選手がどう感じるかに任せる。

高橋　栗山さんならではのアプローチですね。ちなみに、プロ野球のシーズン中って、本をゆっくり読む時間なんてあるのですか？

栗山　監督はすごくありますね。試合前のチームの練習中も選手のためになるのなら、僕はグラウンドに出ないで監督室で本を読み、一つでも多く勉強しても別にいい。選手が朝までバットを振っているのなら、僕も常に勉強しないといけないと思っているので。

本の言葉は生きる支えになる

高橋　ちなみに、今の選手たちは、本を読む習慣ってあるんですか？

栗山　あんまりないと思います。だからまずは入団してきた新人選手にある本を渡して、読む機会だけはつくります。どこまでしっかりと読んでいるかはわかりませんが。死ぬときにオヤジがあんなことをいってくれたな、というのに似た、人として生きていくうえで力になってくれる言葉が何か一つでもあればいいなと。胸に響く言葉が。

現在チームのエースになった上沢直之とかは入団時に手渡した本を読んでくれていて「監督、あの本よかったですね」と、ふとした瞬間に伝えてくれたことがあって。そういう言葉ってやっぱりうれしいですよね。

高橋　そういった「なんらかの学び」を自身の成長につなげられるタイプと、自分の感覚だけでやってしまうタイプが僕はいると思っています。栗山さんはどう感じられますか？

栗山　それはすごくはっきりしていますね。やっぱり厳しいプロの世界で、才能だけでやるには限界があって、この選手にもし大谷翔平のような思考があったら、すごい選手になるのになっていう選手を過去にいっぱい見てきたので。その差って本当に大きいですね。

髙橋　やっぱり学生なんかは本を読む子は感受性が豊かで、努力できる子が多いなと僕は感じています。逆に感覚だけでやってしまうような子は、そこからなかなか飛び出せないというか、広げられない。「深める、高める」という作業に入ったときに「こんな感じでいいんじゃない」というレベルで止まってしまうイメージがあります。

栗山　そうですね。活字離れも当然あると思いますが「本当にうまくなりたい」と心からヒントを探している子は、自分のほうから探しにいく感覚があるんですよね。そういう選手は、やっぱり力がついていきますから。

髙橋　昔でいう野球バカといいますか。ポジティブに、本からでも何からでも、積極的に吸収できる子がいます。このように「物事に対して無我夢中の気持ちをもてるかもてないか」も、人が成長するうえで、大きな要因だと思います。ただ、それはどこでつくられるのかがわからない。ガンガン吸収しようとする子と、そうではない子。この違いは親なのか、育った環境なのか。じゃあそれがない子は今からでもつくれるのかなと思ったりして。僕自身迷いながら、難しさを感じています。

栗山　プロでも大学でも、入ってきた時点ですでにそれがつくられている選手がいます。つくられていない選手は、そこから何かを大きく変えるというのはすごく大変なことだし、それこそさっき話したきっかけが必要だと思います。
たとえば、翔平なんかもそうですけど、明らかに僕に会う前の高校時代、親御さんたちとの環境の中で育まれ、すでにつくられていた感じだったので、学び方とかも含めて。

髙橋　ちょっと話がズレてしまうかもしれませんが、選手をスカウトするときに、その子の性格なども評価対象にしていますか？

栗山　ウチのチームは徹底的にいきますね。人間性とかはとくに。スカウトたちとも「野球の能力自体は高くても、そういう部分ではどうかな」という話もすごくするので。
だからといって、獲らないわけではありません。そこがあまりにもダメでも、ものすごく能力がありそうな子は「俺に預けてくれ」と。ほかのチームがリストから外していそうな選手でも獲りにいく。そこは博打《ばくち》かもしれないですけど、そういう子って大きく変わる可能性もある。だから人間性はすごく、いろんな面で重要視しています。

大谷翔平はどこが違うのか

髙橋　監督の口から大谷翔平選手の名前が出ましたが、彼の取り組みや習慣で、強く印象に残っているエピソードなどはありますか。

栗山　挙げればたくさんありますけど。翔平をよく表しているエピソードは、2016年の紅白歌合戦の審査員でオファーが来たときですね。広報から翔平に打診すると「収録の前後に練習会場をちゃんと確保してくれるなら出ます」と。翔平の中には「自分がやりたい練習」というのがある。それはすべて自分の中で決まっていて、邪魔することは許されないんですよ。「その練習場所と時間を収録の前後でちゃんと確保してくれるのであれば、いってもいいですよ」といったらしいです。

当時から、それぐらい自分のやるべきことに妥協することはなかったですね。

あと、これはよくいってますけど、チームが優勝した前年(2015年)の12月25日のクリスマスに、夜中に翔平からLINEが来て「監督が一番喜ぶものです」と映像が送られてきたんです。それは翔平が「合宿所でバッティングフォームを変えるんだ」といって、ずっと打ちつづけている動画だったんです。クリスマスも何も関係ない。自分のための練習に一番没頭できる時間だったんですよね。

それぐらい野球への強い思いがないと、ピッチャーとバッターの二つなんてやり切れませんよ。彼のもっている才能にどうしてもフォーカスされがちですけど、二刀流を可能にしているのは、彼の頭、思考です。それこそ習慣ですよね。周囲がどうこうではなく、自分がそれをやらないと嫌なんですよね。

髙橋 行動の先には成し遂げたい明確な目標が常にある。中途半端な人は、どうしても行動したことで落ち着いてしまうというか、やっている自分にどこか酔ってしまっている部分があるので。

栗山　翔平の場合は自己満足的なものじゃなくて、ずっと先の先を見ているんですよね。

遠征先でも、朝10時になるとリュックサックを背負ってウエート場に翔平は必ずいく。僕もよくホテル内で会いましたけど、投げた次の日だろうが、体が痛かろうが「僕は今じゃない、今を見ているわけじゃないんです」と。先のことを考え、この筋力のままじゃ勝負できないからやっている。

監督としては、ケガしないかなとか、当然心配しますよね。でも、彼にはそんなことは関係なくて「将来こういうイメージでプレーできるようになりたいんだ」というのが明確にある。今なんて見ていない。視線は常にずっと先にある。だから疲れていてもいく。紅白の審査員の話もそうですけど、邪魔することは誰にも許さないんですよね。

髙橋　成長する阻害要因を自分でつくらないんですね。

習慣のレベルに落とし込む

栗山　完全に習慣のレベルまで落とし込み、将来に向けての明確な道を描けていたのが翔平なんです。素質や能力があるのはもちろんですが、それだけじゃない。日々の積み重ねが、現在のメジャーリーグでの翔平の活躍を生んでいる一番の要因だと思います。

髙橋　周囲の環境がよくなくて「だから自分はこれぐらいなんだ」と主張する人も世の中にいます。しかし大谷選手は真逆。成長する状況を自分自身でつくり出しているのですね。

栗山　その部分に関しては本当にしっかりし

ていましたね。

髙橋　ここまでは個人にフォーカスを当ててきましたが、チーム内で習慣化していること、また習慣にしたいことはありますか？

栗山　こうしておけばよかったと思うことはたくさんあります。ただ、チームのルールといったものをたくさんつくりすぎないようにしたいなとは、ちょっと思っていました。

でも、今は札幌ドームのバックヤードの所に「ファーストまでどんな状況でも全力で駆け抜けろ」という言葉が書いてあります。シカゴ・カブスのキャンプ地にいった際、施設の壁に「一塁までの距離を大切にしないと野球なんてやる資格がない」という意味の言葉が書いてあって。すごくいいなと思って取り入れたんです。何かみんなが共有できるものは組織には必要だなと。もてる力のすべてやり尽くす姿を見せることが使命ですし、僕らはその瞬間、瞬間でそれを見せる責任が一人ひとりにあるんだということを込めたメッセージでもあります。

これについてはチームの習慣として徹底していきたいし、日々の意識、地道な積み重ねが一番大切なことだと思っています。それはチームを指揮するうえで、また人間育成の面においても欠かせないものだと思っています。

髙橋　今日はありがとうございました。

栗山　こちらこそ。髙橋先生、またいろいろとお話ししましょう。

（2021年9月収録）

あとがき

本書では、一流アスリートの言葉や私が接してきた大学生選手との実体験をもとにして、多面的に「結果を出す人の習慣」を紐解《ひもと》いてみた。私たちの日々の行動は、人に左右されるところもあるように見える。だが、最終的には、すべて自身が決めた（意識的にも、無意識的にも）ものなのである。

「約束の時間を守る」という当たり前の行動を例にしよう。ある者は「余裕をもって到着」し、ある者は「ギリギリに到着」する。中には「少しぐらい遅れても平気」と考える者もいる。こうした行動の違いは、やはり「考え方の違い」だ。「意識の違い」ともいえる。小さな行動にも、その人の意識が垣間見えるのである。

「約束の時間に遅れる人」や「ギリギリに到着する人」は、「間に合えばよい」という考えの持ち主だろう。こういう人の多くは、遅れてしまったときは何かのせいにする。あるいは、待ち合わせの人が先に到着していても、なんとも思わない。「ああ、早く着いたのね」と。だが「余裕をもって到着しようとする人」は、事前の段階からその予定に対する準備を入念に行い、約束した相手のことも考えて行動をしている。彼らは、交通機関の所要時間や乗車時間を調べ、準備にかかる時間を多めに想定し、場合によっては、前夜の就寝時間を早めたのかもしれない。このように行動を重ねたうえで「約束の時間を守る」という結果を導き出しているのだ。

習慣の本質を考える

さて、ここまでくどくどと書いたのには理由がある。習慣の本質を考えたかったのだ。このような行動が「特別なもの」と感じた人は、おそらく、毎日の予定に余裕をもって対応することが苦手だろう。反対に「当たり前」と感じた人は、そうした行動が習慣となっており、ストレスも感じないはずだ。

習慣とは、もともとは「意識に基づいた」もので、その後「自動化された行動パターン」のことである。そして、その人の行動パターン（習慣）の積み重ねが「今現在の自身の姿」だといえるのである。

スポーツに限らず一流といわれる領域に到達している人は、自身を磨くことのできる習慣、自身の力を発揮できる習慣を、しっかりともっている。意識していない人にしてみれば「そんなこと」と思うようなことも、一流の人にとっては「非常に重要なこと」となる。そして、そういった小さな行動パターンの積み重ねが一流への階段となっている。一流の人は、自らの実体験や何かからの学びによって、それを自覚しているのだと思う。

自分を振り返ることから始めよう

今、あなたが一流かどうかは問わない。だが、自身の日々の行動結果を検証し、次の行動をよりよいものにしていくという思考のサイクルをもつことは大切だ。そうした思考をもって、初めて「習慣」が身についていくのである。

本書では「81の習慣」を挙げた。次ページからの「振り返りノート」はそれを簡略化してまとめたものである。自分の行動と照らし合わせて、ときどきチェックしてみてほしい。「なるほど」とか「ああ、忘れていた」と思えるものがあるなら、実践してみればいい。それがあなたの成長につながるなら、この本を書いた意味がある。もう一度言おう。あなたの行動には、常に結果がある。結果をつくっているのは、行動を起こしているあなた自身だ。その源泉は、あなたの思考と意識である。

よりよい習慣を増やし、自分を磨いていってもらいたい。

振り返りノート

日付をメモし、度々チェックすると、
成長の軌跡がわかります。

【生活習慣】

1 心と体のわずかなブレや違和感に気づく?
2 集中モードにパッと切り替えられる?
3 質のいい睡眠(爆睡)ができてる?
4 お風呂でちゃんとお湯につかってる?
5 体調のチェックと管理を怠ってない?
6 練習をなんとなくやってしまってない?
7 目の前のことにとらわれすぎてない?
8 行動を予定の時間内で終えられてる?
9 狭い世界に閉じこもってない?
10 「食事が体をつくる」という意識はある?
11 人前に出ても大丈夫な格好をしてる?
12 ネガティブな状況でも明るくいられる?
13 「トライ&エラー」を楽しめてる?
14 自分の殻を自分で破る努力をしてる?
15 親に頼らず、身のまわりのことができてる?
16 自分の意志でちゃんと動いてる?
17 自分一人でやってる気になってない?
18 何事も「そこそこ」無難にやってない?

19 想定外のことも意識の隅に置いてる？

20 行動が未来をつくる。その行動、大丈夫？

21 一つひとつのプレーを流さずにやってる？

22 頭を使って一つひとつのプレーをしてる？

23 「何からでも学ぶ」という姿勢がある？

24 覚悟や責任をもって行動してる？

25 感情をストレートに出しすぎてない？

【食事習慣】

26 食事とプレーの関係を自覚できてる？

27 栄養素の役割を意識して食べてる？

28 消化や排泄のことも重視してる？

29 最高の動きができる食事をしてる？

30 練習がきつくても食欲はある？

31 食事による体調の変化を把握できてる？

32 たんぱく質やプロテインの量は適量？

33 動きに合ったエネルギー量が摂れてる？

34 炭酸飲料をがぶ飲みしてない？

【思考習慣】

35 目標実現の具体的な道筋を考えてる？

36 高い目標と日々の目標、両方もってる？

37 その世界のトップに立つ覚悟はある？

38 「絶対に〇〇する」と強い気持ちでいる？

39　リーダーを任されても大丈夫？

40　自ら、積極的に行動できてる？

41　今の自分に自信をもつことができる？

42　勝負のあと、次にどうするかを考えられる？

43　どんなときも「元気な自分」を貫ける？

44　負けたままで終わらせてない？

45　人の長所も認めてる？

46　答えの出ないことを考えすぎてない？

47　想定外のことにも落ち着いて対応できる？

48　理不尽な世界でも真っすぐに進めてる？

49　指示待ち人間になってない？

50　できないことを放置してない？

51　自分を変えることに臆病になってない？

52　否定されても、それを受け止められる？

53　思い込みや常識にとらわれすぎてない？

54　失敗を恐れずに、挑戦してる？

55　劣等感を抱えていじけてしまっていない？

56　他者と比べず、自分に誇りをもてる？

57　きついとき、苦しいときにこそ笑える？

【行動習慣】

58　思ったら、即、行動を起こしてる？

59　自分を崩されたときオロオロしてない？

60　心身を整える時間も考えて行動してる？

61　経験の範囲を広げてる？

62　人のよい部分を自分のものにできる？

63　自分の行動が周囲に与える影響を考えてる？

64　人を動かすだけの熱量がある？

65　日常の中に「面白み」を見つけられる？

66　時間や量ではなく「質」を考えてる？

67　「想定外」も想定し120％の準備をしてる？

68　「もうムリ」と心にリミッターをかけてない？

69　人の後ろに隠れるように生きてない？

70　丁寧なコミュニケーションを心がけてる？

71　合理性や要領よさばかりを追求してない？

72　選択肢や答えを人に求めすぎてない？

73　とことんやり切る前にあきらめてない？

74　失敗したときにしっかりと向き合ってる？

【運動習慣】

75　自分の体をしっかり操作できる？

76　新たな動きや技にチャレンジしてる？

77　基本的な動きやプレーを大事にしてる？

78　筋肉を最適なコンディションに整えてる？

79　競技にとらわれ視野が狭くなってない？

80　脳がワクワクする工夫をしてる？

81　データに表れない精度を追求できてる？

参考文献

『心と体が自在に使える気の呼吸』藤平信一（サンマーク出版）
『考える習慣』中村憲剛（ベースボール・マガジン社）
『心を整える』長谷部誠（幻冬舎文庫）
『新インナーゲーム』W・Tガルウェイ／後藤新弥訳・構成（日刊スポーツ出版社）
『子どもの背こうしたら伸びた！』蔦宗浩二・監修（河出書房新社）
『ジョコビッチの生まれ変わる食事』ノバク・ジョコビッチ／タカ大丸・訳（三五館）
『折れない心を支える言葉』工藤公康（幻冬舎文庫）
『ゼロからはじめるプロテイン生活』山本圭一（メディアパル）
『迷わない力―霊長類最強女子の考え方』吉田沙保里（プレジデント社）
『私の失敗』サンケイスポーツ運動部・編著（ベースボール・マガジン社）
『勝言』アスリート勝言研究会（笠倉出版社）
『こんなに楽しいのに走らなきゃもったいない！』高橋尚子（ポプラ社）
『室伏広治　超える力』室伏広治（文藝春秋）
『負けない自分になるための32のリーダーの習慣』澤穂希（幻冬舎）
『準備する力』川島永嗣（角川書店）
『日本一への挑戦』蔦宗浩二（バレーボールアンリミテッド）
『超一流の育て方』永谷脩（中経の文庫）
『相田みつを 肩書きのない人生』相田みつを（文化出版局）
『子どもの身体能力が育つ魔法のレッスン帖』髙橋宏文（メディアパル）
『前に進むチカラ―折れない心を作る7つの約束』北島康介（文藝春秋）
『天才と呼ばれる人の習慣術』渋谷昌三（メディアパル）

この他、選手のコメントなどは新聞、テレビ、インターネットニュースなども参考にさせていただきました。

高橋宏文——たかはし・ひろぶみ
東京学芸大学健康スポーツ科学講座教授。同大学男子バレーボール部監督。1970年神奈川県生まれ。順天堂大学大学院修士課程コーチ学専攻を1994年に修了。1998年10月より東京学芸大学に勤務。同大学で男子バレー部の監督を務めて1部リーグに引き上げ、現在に至る。検証と研究に基づく論理的な指導を展開する一方で、柔軟でハートフルな人間味のある選手育成をし、その手腕は高く評価されている。Vリーグ等で活躍する選手も多数輩出。バレーボールだけでなく、運動指導全般に目を向け、「運動する力」を伸ばす研究や学習にも励んでいる。著書に『子どもの身体能力が育つ魔法のレッスン帖』『マルチアングル戦術図解バレーボールの戦い方』『ライバルに差をつけろ！自主練習シリーズバレーボール』他。

ここで差《さ》がつく！
スポーツで結果《けっか》を出《だ》す81の習慣《しゅうかん》

2021年11月30日　第1版第1刷発行
2024年 1 月25日　第1版第2刷発行

著　者／高橋宏文《たかはしひろぶみ》
発行人／池田哲雄
発行所／株式会社ベースボール・マガジン社
〒103-8482
東京都中央区日本橋浜町2-61-9　TIE浜町ビル
電話 03-5643-3930（販売部）
03-5643-3885（出版部）
振替口座 00180-6-46620
https://www.bbm-japan.com/

印刷・製本／広研印刷株式会社

Printed in Japan
ISBN978-4-583-11390-6　C0075